编委会

图书在版编目（CIP）数据

大学生的好家长 / 浙江大学求是学院编著；车淼洁主编 . -- 杭州：浙江大学出版社，2023.6
ISBN 978-7-308-23746-8

Ⅰ . ①大… Ⅱ . ①浙… ②车… Ⅲ . ①大学生－家庭教育 Ⅳ . ① G782

中国国家版本馆 CIP 数据核字（2023）第 076578 号

大学生的好家长

浙江大学求是学院　编著　车淼洁　主编

策划编辑	吴伟伟
责任编辑	马一萍（pym@zju.edu.cn）
责任校对	陈逸行
封面设计	米　兰
出版发行	浙江大学出版社
	（杭州市天目山路 148 号　邮政编码 310007）
	（网址：http://www.zjupress.com）
排　　版	杭州浙信文化传播有限公司
印　　刷	杭州宏雅印刷有限公司
开　　本	787mm×1092mm　1/16
印　　张	9.25
字　　数	132 千
版 印 次	2023 年 6 月第 1 版　2023 年 6 月第 1 次印刷
书　　号	ISBN 978-7-308-23746-8
定　　价	58.00 元

GOOD PARENTS

● 大学生的 ●

好 家 长

| 浙江大学求是学院 编著 |

ZHEJIANG UNIVERSITY PRESS
浙江大学出版社
· 杭州 ·

新生提供一对一辅导。

开设"院士报告会""求是·校友说",让院士、名家、优秀校友用非凡的人格魅力和卓越的大师精神感染新生,在学生心中种下远大志向和潜心钻研的种子。

开展"求是精神与我"主题教育活动,从大类通识培养到专业院系培养,深耕求是文脉,引导学生做好从优秀的高中生到合格的大学生的蜕变转型,成为追求卓越、勇立潮头的"浙大人"。

筹划寒假"六个一"成长计划,让学生在实践的鲜活课堂中强化青年责任,用文字、图片、手工等多元的艺术形式,呈现出对时代、对家庭的回应,喊出"青春告白,时代看我"的有力强音。

求是学院从2019年起开始制作"大学新生养成慕课",2020年又制作了"大学新生家长慕课",于学生入学前推送给新生和家长。可以说,求是学院深入贯彻落实浙江大学人才培养目标要求,按照"更高质量、更加卓越、更受尊敬、更有梦想"的战略导向,将"以学生成长为中心"的育人理念践行到了新生收到大学录取通知书之后,踏入大学校门之前。

读好书如交益友,我们愿意以这本书为媒,与大学生家长成为益友,更希望广大家长与我们共同努力,指导孩子的前行方向,向外激励孩子社交,向内激发其内驱动力,关注孩子的健康全面发展,做好大学生的好家长!

邱利民

浙江大学求是学院院长

2023年3月

序

春天的求是园，处处洋溢着青春的气息。3月毕业的研究生身着学位服，在校园的各个建筑和景观前合影留念。这一景象会一直持续到6月，本科毕业生和6月毕业的研究生也会接过毕业证书、学位证书，为他们的学生时代画上句号。顺利毕业，这是所有同学、家长以及老师的期盼。同学们在大学里一路"打怪升级"，苦练本领，历经日夜投入、勇敢挑战乃至艰难磨砺，方才通关毕业。

这一路，要怎么走？这首大学之歌，要如何奏？主角肯定是大学生，但家长可以做大学生身边忠实的欣赏者、亲近的陪伴者、智慧的指导者，抑或是坚强的后盾、温暖的港湾。

很欣喜，看到求是学院编著的《大学生的好家长》即将出版。它向社会、向广大家庭，掷地有声地宣告：在大学生的求学时光里家长仍要发挥作用，甚至是难以替代的作用。它饱含关切地指出原生家庭的常见问题在大学生身上的映射以及如何看见和处理这些影响。它专业负责地探讨良好的亲子关系的经营、沟通秘方以及如何有效帮助到大学生走出困境。

一直以来，求是学院始终"以学生成长为中心"，每年召开专业节、生涯规划节，营造节日般的热烈氛围和仪式感，启迪学生选好专业、做好规划。

千方百计聘请全校最具教育情怀的育人导师，搭建"导师工作室"，为

目 录

前言

家校沟通，一直在路上

扫码观看
"院长寄语"

新时代浙江大学的人才培养目标是培养德智体美劳全面发展的、具有全球竞争力的高素质创新人才和领导者，而这一目标的实现，要从学生大学一年级开始。浙江大学求是学院作为浙江大学实施通识教育、大类培养的重要机构，始终聚焦本科新生转型教育。一年一年，求是学院迎来了一批又一批大一新生，通过不断探索，创新培养模式，帮助新生实现从中学到大学、从学生到成人的"两大转变"，为新生成为高素质可塑人才奠定坚实基础。

在一项面向大一新生的调研中，问及新生受到谁的影响最大，结果显示排名第一的是家长及长辈。过去，我们遇到不少家长，他们认为孩子上了大学，特别是上了浙大这么好的大学，自己的"人生大事"就完成了，可以彻底"解放"了。其实远远不是。

作为新生家长，在孩子初入大学的第一年，面对"两大转变"带来的各种各样有挑战的时刻，家长应当扮演什么角色，能够发挥什么作用，又该如何支持孩子？这些疑问，并非所有家长都能清晰明了地回答。不少家长根本没想过这些，只有当孩子真正出现问题或者在与孩子交流中遇到困难时，才不得不直面这些问题。

早在 2012 年，求是学院就出版过——《和孩子一起读大学——大学新生家长必读》。书中通过真实事例为家长揭示大学生的思想状态和价值观念，引导家长有必要"和孩子一起读大学"，从而去适应孩子上大学后自己所需要扮演的新角色。十年来，求是学院的老师们一直坚信和家长沟通的意义。

小学、初中、高中阶段的家校沟通是一项"政策有要求、家庭有诉求、学校有需求"的重要工作，三方都习以为常。然而，孩子进入大学后，家长们往往以为万事大吉：孩子已满 18 周岁、是成年人了，还需要家校沟通、家长"介入"吗？我们基于一届届新生的现实情况，深切体会到：大学需要家校沟通！孩子成长也需要家长适时"介入"！

大学的家校沟通，按照孩子的实际成熟程度（生活自理程度、学习自律程度、心智成熟程度……），根据孩子进入大学后遇到的实际情况（学业专业的、人际交往的、情绪情感的、发展规划的……），分级、灵活地开展，可分为家校沟通、家长教育、家长参与等多种不同程度的家校联动形式。本书则属于家校沟通的联动形式。学校将大学生可能出现的常见问题、家长和大学生子女之间可能遇到的不适情况、可能用上的沟通方法与诀窍等，提前告知家长，供家长根据自身家庭及孩子情况，选择性地参考，预防性地了解。

我们希望通过国内首创的大学新生家长慕课及此书，帮助大家了解在大学里，孩子们可能遇到的生活、学习、心理等各方面问题，通过家校合作，共同把学生教育好、培养好。从这个意义上来说，孩子上大学，我们家长也一起上大学，一起不断进步！

本书是 2022 年版"大学新生家长慕课"视频的配套图书，家长既可以直接阅读文字，也可以扫码收看视频。每一节中，我们加入了现实案例，希望从身边事例出发，给家长更多的贴近感和启发性。

本书共分为五章十六节。第一章"原生家庭与大学生成长",介绍家庭教养带给孩子的影响,引导家长做"合适"的父母。同时,介绍原生家庭带给孩子的主要影响是依恋关系,家长要根据孩子不同的依恋类型,选择一些做法。此外,还介绍了过度教养,亲子冲突的表现、影响与调适。第二章"在大学生背后做好支持",一方面介绍新生进校后的特点,让家长了解孩子上大学后可能迎接的挑战;另一方面围绕大学生在生涯规划、人际关系、亲密关系等方面遇到的困难、困惑展开,建议家长有效支持。第三章"当大学生遭遇逆境",进一步聚焦负向问题。介绍当孩子遭遇逆境,出现游戏成瘾、常见心理问题或心理障碍,家长该如何处理;家长如何接纳大学生子女的问题,并如何与学校配合,帮助孩子渡过难关、逆流而上。第四章"家长与大学生的沟通",详细介绍常见亲子沟通的误区和实用的沟通方法。第五章"家长的自我关爱",回到家长的自我支持上,交流"空巢"家长如何进行自我心理调适,如何做好自我及与伴侣间的相互支持,如何爱自己从而爱孩子。

世界上最不容易的事也许就是做家长,因为以爱的名义承担了无限责任;但也正是因为这份爱,才有了我们跌宕起伏的喜怒哀乐,成就了我们丰富的人生。

孩子是家庭的未来,更是国家和社会的未来!做家长是我们一生的事业,不可须臾松懈。就让我们跟随本书,走近孩子,理解家庭,与大学生子女共同成长!

第一章

原生家庭与大学生成长

原生家庭如何影响大学生成长

小丁一直盼望着上大学，他每天努力学习，终于如愿以偿。进入大学之后，就开始军训了，紧张的节奏正是他喜欢的，生活过得井井有条。但是大一下学期开始，他却不愿去学校了。原来，在那个漂亮热闹的校园里，其他同学三五成群地结伴同行，他总是形单影只。在人群里他感觉不自在，无所适从，即使和同学在一起时，他也不知道该说什么；可是一个人的时候又觉得很孤单。这和他在家的情形是那么地相似……从小到大，父母都建议他以学习为主，不要太在意其他东西。父母对他算是很宽容吧！主要会关心一下学习成绩，其他的一般不太过问。像现在这种状况，他也不可能去找父母倾诉，因为他与他们之间没有交流的习惯。

小丁的这种两难处境到底是怎么形成的呢？和原生家庭有什么关系呢？

前几年有一部热播剧，叫《都挺好》，讲述了一位事业有成的女强人深受家庭困扰，一直在努力治愈家庭给她带来的伤害。当时网友讨论的一个热门词叫原生家庭，大家会认为自身表现出来的问题大都是原生家庭引起的。那么，原生家庭到底对大学生的成长有什么样的影响？

一、依恋及其类型界定

心理学中有一个比原生家庭更经典的概念——依恋。

依恋是什么？它是我们人生最初的一种亲密关系。关于依恋最经典的研究是一项有关恒河猴的实验。小猴子一出生就被研究员放到一个笼子里，这个笼子有两个所谓的"妈妈"，一个是铁丝做的，胸前挂着奶瓶，可以24小时供应奶水；另外一个是布艺的。这只小猴子很聪明，喝奶的时候会去找"铁丝妈妈"，但是更多时候会依偎在"布艺妈妈"身上。

依恋有一个特点，即寻求跟依恋对象身体上的亲近，在那里寻求安全感。一个典型的例子是，孩子小时候可能愿意和很多人玩，但是在他疲惫或者要睡觉的时候，他会认定一个人，这个人就是他的主要依恋对象。

依恋的另一个特点是当依恋遭到破坏时，比如主要抚养者不在场，依恋者就会表现出情感上的痛苦。这个特点可以延伸到人类婴儿依恋类型的科学评估上。有一位叫玛丽·爱因斯沃斯（Mary Ainsworth）的研究者做过一个名为"陌生情景"的测试。她邀请了多个一两岁的小宝宝和他们的妈妈来到一个陌生的房间，一段时间后，她示意妈妈离开——观察妈妈离开和妈妈回来与他们重聚这两个时间段内孩子的表现。她根据孩子的表现把人类的依恋分成四种类型：安全型、不安全—回避型、不安全—抗拒型及混合型。下面我们具体谈谈前三种类型。

1. 安全型

当研究者示意妈妈离开时，孩子哭了，但是妈妈回来之后，他在妈妈的安抚下又会平静下来。这种依恋称为安全型依恋。

2. 不安全—回避型

当妈妈回来把孩子抱起来时，孩子表现出回避的态度。我们在日常生活中也会发现，妈妈是否在场对有些孩子的情绪没有影响，妈妈走了，他无所谓，妈妈回来了，他也比较冷淡。这就是不安全—回避型。反观安全依恋型的孩子，妈妈回来他会表现得非常高兴。

3. 不安全—抗拒型

孩子在妈妈离开时，与安全依恋型的孩子一样，表现出不安。但是当妈妈回来将他抱起来时，他会表现得抗拒。妈妈递给他玩具，他甚至会不接受。也就是说，妈妈不在时他希望妈妈回来，但是妈妈回来之后他又很生气。这种依恋类型称为不安全—抗拒型。

这些是婴幼儿早期表现出来的依恋类型。为什么说依恋或者原生家庭重要呢？因为它不仅影响当下孩子对人际关系的看法，还会影响成年之后其交友和亲密关系的形成。

下面列举了三种孩子在大学阶段的具体表现，家长们可以看一看，哪个类型更符合你的孩子？

第一种是安全型。这类人与他人相处时非常放松，不会让人感觉过度卷入，但又没有特别疏离。此类大学生进入学校后的人际关系的建立，甚至在恋爱关系的处理上都会相对顺利一点。

第二种是不安全—回避型。这类人与他人相处时，一般能在刚开始礼节性的交往中表现得友善；但当你想跟他进一步交往时，他会下意识地后退，给人一种拒人于千里之外的感觉。对于大学新生而言，他也许是第一次来到陌生的城市，尝试融入陌生的群体，因此人际支持非常重要。当面对学业或者适应压力时，不安全—回避型的个体因为没有朋友，甚至不知道怎么去建立亲密关系，就容易出现适应不良等问题。

第三种是不安全—抗拒型。一些恋爱中的年轻人可能会患得患失，他总想跟他人百分之百地绑定，但又担心别人会拒绝，处于又爱又恨的纠结状态。

这三类儿时建立起来的依恋类型会影响一个人成年之后的人际交往，也会影响下一代，这就是依恋的代际传递。如果祖父母的教养更多是支持性的，父母的教养多半也会倾向于支持性，孩子就很可能是安全依恋类型的。如果祖父母是忽视型教养的，其父母大概率也是同一类型，其孩子就很容易出现其他几种类型。不安全—抗拒型孩子的祖父母和父母很可能是高控（利用高度集中的管理来控制对方的行为）的。例如，对大学新生家长来说，虽然浙大提供很好的学习与生活环境，但父母们可能还是会不放心孩子的方方面面，会担心孩子的吃、穿、冷、热。有些父母因此会时不时地打电话给孩子，会经常查岗，如果孩子没接电话，甚至会产生灾难性思维。这种高控或过度卷入可能会导致孩子产生抗拒行为。

二、如何与孩子交往

作为大学生家长，怎么做合适呢？如图 1-1 所示，首先，客观地认识自己，认识我们的父母以前是怎么对我们的，然后体会我们应该怎样对孩子。

图1-1　家长该如何与孩子交往

除了客观地认识自己，还要客观地认识孩子，知道自己的孩子大概是什么样的依恋类型。如果孩子有不安全—回避型的倾向，家长就应该反思一下自身是否对孩子关心不足。有家长曾说："孩子大学阶段是我感觉最舒服的时候，因为我终于把他送进大学了，而且还是这么好的大学，我也放心了。"但是孩子进了大学不等于进入保险箱，父母还是应该给予其适当的关注。在大学里，有些学生考进来时分数很高，但可能一个学期之后就会收到退学警告。这些孩子除了学业有压力，也常常表现出回避型的特点——不知道怎么跟朋友交往。如果孩子是不安全—抗拒型的，那么家长需要适当地给孩子一些空间，因为孩子已经读大学了，是成年人了。家长需要适当地放手，因为我们不仅希望孩子学习好，以后能够找到好工作，更希望孩子适应社会、人格健全。从这个角度来讲，家长们可能要学习适当地退出"舞台"，接受孩子慢慢远去的身影。

本节我们谈论了依恋及其类型。了解了原生家庭的重要性后，下节我们将谈谈家庭教养方式。

扫码观看
原生家庭对于孩
子成长的影响

究竟要做怎样的家长：家庭教养的影响

小丙大二了，他不知道从什么时候开始有了拖延的习惯。每次写作业之前他都会想很多，但就是不去打开作业；有时候他会去查很多资料，但就是没有办法动笔；有时好不容易写了，又觉得自己写得太差，肯定不及格，就想放弃。就这样，他有很多门课的作业都未能及时完成。以前总是有爸妈在身边指导他，现在谁来一步步引导他呢？

小丙能够想象父母会怎么说，"其他同学都可以，你肯定也可以"，但他仍担心会让父母失望。他们对他投入那么多精力，陪着他写作业，为他做好吃的，他就是这样回报的吗？想到这点，小丙感到很内疚，他脑海中浮现出了妈妈在校门口等待他的身影。

小丙如此习惯的养成和家庭教养有很大关系。那么，怎样才是比较好的家庭教养呢？父母们又应该怎么做呢？

家庭教养对孩子有着怎样的影响呢？心理学主要从两个维度来区分不同类型的家长，按照对于孩子是否有要求，以及对于孩子的需求是否给予及时回应，可分成四个类型（见图1-2）。

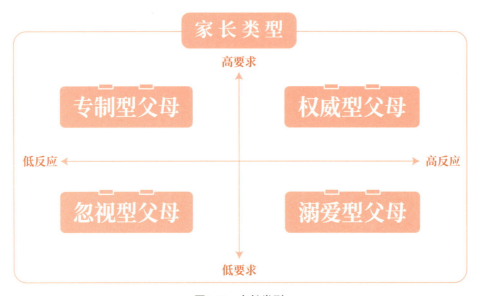

图1-2　家长类型

一、教养的四种类型

第一个类型是权威型教养，父母对孩子既有要求又有回应。第二个类型是专制型教养，这类家长认为在现有的教育体制下，孩子的学习压力很大，培养孩子也要付出很多，所以对孩子要求很高，但对于孩子提出的一些需求，如打个游戏或者偷个懒，他们则较少给予满足，这就是专制型。第三个类型对孩子既没有要求也没有回应，即忽视型。第四个类型对孩子没有要求，但有求必应，即溺爱型。下面我们将具体谈谈后面三种类型。

1. 专制型教养

"虎妈狼爸"就是一个经典的例子。母亲的传统形象是慈母，但现在慈母好像也不是很"慈"，为了让孩子不断提高，家长们有时会表现出控制行为。比如在前些年的一部热播剧《小欢喜》中，英子妈妈对于孩子有各方面的要求，连高考填志愿都严格把控，导致孩子出现抑郁症状。

控制行为有哪些表现呢？当孩子达不到要求的时候，家长可能会体罚。那么，打有用吗？一部分家长可能会说，现在已经不打了，因为也打不过了。但是在孩子小时候有打过吗？可能家长有两种观点，一种观点认为刚开始打还是挺有用的，后来就没有那么有用了。但研究表明，打孩子会造成孩子也采取这种简单粗暴的方式调节情绪，甚至可能会导致孩子产生攻击性行为，所以不建议打孩子。另一种观点是知道不能打，于是采用另一种控制形式，即心理控制。我们看一些心理学测量心理控制的经典例子。一是引发内疚，比如有的家长会说："反正我也管不了你了，你也不听我的，我以后反正也没办法靠你的……"说这些话就是想让孩子知道，他这样做你很难过，引发他的内疚。其实这是一种心理控制。二是爱的撤回，如当孩子犯错误时，父母可能会不理他。三是引发羞愧，当孩子做出一些不良行为时，有些家长会说："你这样难不难为情呢？"或者会说："你这样做我有没有面子？"通过这些话语引发孩子的羞愧心理。这些心理控制很容易出现在青少年的家长身上，哪怕孩子已经进入大学。成年之后，这种控制仍会影响他将来的为人处世。

2. 忽视型教养

忽视型可能表现在长期在外工作的父母身上，留守儿童在学习、行为发展等很多方面容易出现问题。实际上，随着教育公平化推广，国家对偏远山区教育资源的投入已经很大了，那缺的是什么？缺的是父母作为主要抚养者对于孩子的关爱。父母长期不在身边，多少会造成一些影响。

与忽视型接近的，是"丧偶式"育儿。国内很多家庭中，父亲可能是常年外出工作或者忙于事业的状态，孩子多由妈妈来照顾。有研究发现，父亲角色的长期缺失可能会造成女生青春期提前；对于男生，如果跟妈妈过度绑定，可能会成为"妈宝男"。还有一类，这些父亲不是完全缺位，他偶尔参与一下，但是这种参与却产生了适得其反的作用。比如，有些孩子厌学，他可能更多把这个问题归结到父亲身上，认为是父子冲突导致自己自暴自弃。

3. 溺爱型教养

溺爱包括包办型溺爱和纵容型溺爱，前者指的是父母将孩子的一切都安排好了，后者指的是父母会尽全力满足孩子的要求，即使有些要求并不合理。无论哪种溺爱方式，父母都对孩子充满了爱与期待，但很少向孩子提出要求。在这种教养方式下长大的孩子往往以自我为中心、缺少耐心、自我控制能力差，且不具备抗压能力。对于家长，他们表现出很强的依赖性。现在说的"妈宝男""啃老族"，可能就是溺爱型教养的产物。

二、家长应该如何做

孩子进入大学阶段后，家长应该如何做呢？

首先，孩子已经上了大学，相比以前在他中小学时的全方位监管，现在家长要适当退出，要给孩子更多的自主权，减少行为控制。

其次，要尊重孩子的个性。做怎样的父母没有放之四海皆准的经验，只有与孩子个性匹配的才是合适的。比如，前一点讨论了家长不要太多控制，但也有个别孩子因为之前被管得太严导致自控力较弱，他到了大学可能会放纵自己以至于沉迷游戏，对这类孩子仍有必要进行适当的监管。

最后，孩子进了大学，对家长来说是比较幸福的阶段。父母们要去平衡自身，找到自己在生活和工作上更好的平衡点。当父母以这样的状态去面对孩子，相信孩子也能感同身受，建立起自身的平衡。

本节谈论了教养方式及其影响，下节我们将谈谈过度教养及其影响。

扫码观看
究竟应该做怎
样的家长家庭
教养的影响

过度教养对大学生及家长的影响

2019 年的美国大学入学舞弊案轰动全美。一些美国上流社会的父母不惜违法帮助子女扫除障碍，"无痛"直升顶尖名校。这些父母因此被嘲讽为"最差直升机父母"。除了这个比较极端的案例，父母不肯放手、过度帮助和介入子女学习生活的情况在我们周围也随处可见。在访谈中我们碰到过一个真实案例：小敏升入大学后，她和父母都很兴奋，一开始她每天都与父母分享今天在大学里遇到了什么新鲜事、又参加了什么活动。过了一阵后，小敏适应了大学生活，学习任务也渐渐繁重，但父母与她的频繁联系并未消减。父母期待小敏能每天以视频的方式告诉他们当天的学习和生活情况，并时不时微信询问小敏的饮食、作息、交友等生活细节，积极支招、反复叮咛遇到什么情况该怎么办。渐渐地，小敏觉得与父母的频繁联系成了"甜蜜的负担"，打扰了她专注学业和参加社团活动的节奏；但同时她也对父母的建议、主意形成了依赖，比如在参加什么社团活动的问题上，她也倾向于先询问父母的意见。这一相处模式甚至迁移到了与大学同学、朋友的相处中，小敏不习惯自己做主，成了"追随者""听从者"，甚至"讨好者"。

小敏为什么会养成这种性格？子女上了大学，家长又应该怎样调整教养模式？

18 ～ 25 岁这一年龄阶段的青年有其自身的发展规律，过度教养是违背这一阶段的发展规律的。

一、特殊的发展时期

从发展心理学和家庭科学的角度看，当父母的教养方式符合子女在某一阶段的发展规律时，会有助于子女完成该阶段的发展任务，顺利进入下一个发展阶段；而当父母的行为违背了子女在这一阶段的发展规律，便会阻碍子女在这一阶段发展任务的达成，使他们无法为进入人生下一阶段做好心理和能力的准备（见图 1-3）。因此，家长们在判断自己的教养行为是否恰当、能否促进孩子的发展之前，首先要了解大学生子女在这一发展阶段的特点和关键发展任务。

图1-3 父母的教养行为对子女的影响

在发展心理学里，18～25岁这一发展阶段被称为成年初显期，是个体从青少年向成年期过渡的重要发展阶段。"成年初显"指的是个体在生理年龄上已成年，但还未完成社会意义上的成年人的蜕变，如未完全经济独立、未成家立业，在经济和情感的某些方面还需要依靠父母。一项调查表明，在我国，超过70%的大学生和他们的父母都不认为大学生的状态是"大人"了[1]。

成年初显期有五个特点：

（1）探索性；

（2）不稳定（比如住所、亲密关系、职业尚未确定下来），处于一个动荡和变化的过程中；

（3）自我关注（具有自由感、独立感和责任感）；

（4）夹缝感（既不完全依靠父母，又尚未完全独立）；

（5）充满可能性（人生充满机遇和选择，有很多可能性）。

二、什么是过度教养

在成年初显期，子女对自主性、独立性、能力感的需求与日俱增。父母对子女这三个需求的满足（如赋予孩子更多自主权、减少对孩子生活的介入），将促进子女为向成年期过渡做好积极的心理调适和能力准备。但若父母的心态和教养行为还停留在孩子的青春期，没有做出相应调整，则可能出现过度保护、过度控制的情况，这就是我们所说的"过度教养"[2]。

---

[1] Nelson, L. J., X. Duan, L. M. Padilla-Walker and S. S. Luster. Facing adulthood: comparing the criteria that Chinese emerging adults and their parents have for adulthood[J]. Journal of Adolescent Research, 2013, 28(2), 189–208.

[2] Padilla-Walker, L. M. & L. J. Nelson. Black hawk down: establishing helicopter parenting as a distinct construct from other forms of parental control during emerging adulthood [J]. Journal of Adolescence, 2012, 35(5): 1177–1190.

具体来说，过度教养通常同时包含两个方面：一是父母过度投入和关注青年子女的生活，高度回应孩子的需求，因害怕子女受挫、失败而过度帮助孩子，如直接替孩子解决问题、提前帮孩子扫清障碍、尽可能替他们规避风险；二是过度投入、关注的同时，父母往往不可避免地过度参与、干涉子女的生活，给予子女过少的自主权和过度的控制，尽管这种控制是出于好意，如为了子女成功而过多规划安排子女的生活、过多监督和干预子女的日常等。

2021 年，我们访谈了 60 多名过度教养家庭中的大学生。有的家长介入孩子与室友的矛盾，帮孩子联系导师、选专业、规划职业道路，甚至帮孩子决定参加哪一个社团；有的要求孩子把一日三餐的照片发给他们，害怕孩子作息不规律；有的父母在得知孩子恋爱后时不时打电话突击"查岗"。

父母过度教养的动机是为了保护子女，让他们少走弯路，帮助他们更好地发展；但实际效果可能事与愿违，因为过度教养在本质上是和这一阶段年轻人的发展规律相悖的。大量研究表明，在过度教养的家庭，大学生在心理、行为、人际交往、学业职业发展上遇到适应困难的概率更高。如父母过度教养程度高的大学生在心理上更易出现焦虑、抑郁等情绪问题，抗挫力更差；在行为上自控力更低，因此更易沉迷游戏和网络，也容易滥用酒精；在人际交往上也更困难，表现出更多社交焦虑和同伴交往困难；同时，在学业上，会产生更多的学业倦怠，学习的内在动机更低、坚持性更差。[①]

三、过度教养的可能危害及解决办法

为什么父母出于好意的帮助和干预，反而可能阻碍子女的发展呢？

第一，过度教养在父母看来是爱，但在孩子看来，这其实隐形地在向他们传递一系列信息，即"你的决定是不成熟的、错误的；我不信任你，你的能力不行；你太脆弱会受到伤害，你需要我帮你解决问题，没有我你就会失败"。

第二，过度教养挫败了孩子的自主性和独立性。我们在访谈研究中发现，有不少家长喜欢帮孩子选专业和规划未来职业方向。其中一个大学生说，父母已经帮他规划好了人生，他一旦没有按他们说的去走，就会被立刻拉回他们所认为的"正轨"。有位大学生说父母不许她做这做那，她也就不敢去尝试了，怕万一失败，身后就是"万丈深渊"。有个女生说着说着就哭了。这些例子中的父母剥夺了孩子的自主性、独立性和自我探索的需求，破

---

① Cui, M., P. Hong & C. Jiao. Overparenting and emerging adult development: A systematic review [J]. Emerging Adulthood, 2022, 10(5): 1076-1094.

坏了学习的一个重要路径：探索—试错。这些父母在用他们过去的经验，为孩子打造一个框架、画个圈，只允许孩子在这个范围内活动，同时也浇灭了孩子发展的其他可能性。

当父母急于帮助孩子解决问题时，孩子发展能力的机会也就被剥夺了。能力的获得就是在战胜挑战、困难、挫折的经历中，发现自己也能应对这些问题，获得了处理难题的经验，所以自信下一次能更好地面对和处理。这种自信，也叫做自我效能感，对大学生身心健康和学业职业发展是至关重要的。[①]

第三，过度教养对父母本身也可能产生负面影响。研究表明，过度教养的父母更易产生心理健康问题，如更易焦虑，生活满意度更低。[②]即使孩子离家了，他们的生活仍以孩子为中心，时刻操心着孩子。其实，孩子离家上大学这个阶段，可能是父母最轻松的时期了。因为等孩子成家有了自己的孩子后，父母可能还得帮他们带孩子。所以家长朋友们，趁此机会，请以自己为中心，好好享受生活吧。

最后总结三点：

（1）当子女进入大学，不仅子女需要为适应新环境做出调整，父母在心态和行为上也需要做出调整，以符合孩子当下阶段的发展规律和心理需求。

（2）父母要接受子女成长过程中逐渐与原生家庭分离的过程。子女有自己的人生态度、生活和担当，这一阶段更多关注自我发展，如对外扩展社交网络、建立亲密关系。这可能会使父母失落：孩子是不是和我疏远了，不那么需要我了？但这其实是子女成长必须经历的发展阶段，有利于孩子为成年

---

① Bandura, A. Social cognitive theory: An agentic perspective [J]. Annual Review of Psychology, 2001, 52(1): 1-26.

② Cui, M., C. A. Darling, C. Coccia, F. D. Fincham & R. W. May. Indulgent parenting, helicopter parenting, and well-being of parents and emerging adults [J]. Journal of Child and Family Studies, 2019.28(3): 860–871.

生活做好心理和能力准备。

（3）父母要做的就是在情感上无条件支持子女，在子女需要的时候适时地提供帮助和建议，有边界感，不过分干预孩子的决定和生活。要成为孩子的安全基地，让孩子无后顾之忧，充满勇气地去探索、去试错；让他们知道就算失败了，自己的身后也不是"万丈深渊"，而是父母无条件接纳的温暖臂膀。

本节介绍了成年初显期的特征、过度教养的危害与解决办法。除了教养方式外，相信家长们也一定很关心亲子冲突问题，我们将在下一节讨论此问题。

扫码观看
过度教养对孩子
及家长的影响

亲子冲突对大学生及家长的影响

小林和妈妈关系一直很亲密，像朋友一般，她有什么心事都会告诉妈妈，妈妈遇到什么事也会告诉她。自上大学后，小林与妈妈越来越互为情感支柱。但令小林苦恼的是，家里有什么事，妈妈都会事无巨细地告诉她：家里的决策，妈妈会征求小林的意见；与丈夫发生矛盾，妈妈也会请小林评理。小林一方面觉得有责任为妈妈提供情感支持，自豪能参加家庭决策；另一方面又为需要同时兼顾大学学习生活和消化"家庭的烦恼"、安抚妈妈的情绪而感到身心疲惫。当她把自己的想法告诉妈妈，暗示以后家里的事"不必都告诉我"时，妈妈感到很惊讶，并很受伤，流着泪问小林是不是不爱她了。妈妈伤心了很久，很少主动联系小林了，小林感觉妈妈在故意冷落疏远她。妈妈的"冷暴力"令小林崩溃，好一阵都无法安心学习，她想着要和妈妈道歉……

我们将围绕"亲子冲突"的主题，分享以下几个问题：18～25岁子女成年初显期的家庭关系有什么特点，这一阶段亲子冲突的原因可能是什么，如何用发展的眼光来看待这一阶段的亲子冲突，亲子冲突对大学生和父母有怎样的影响及如何应对。

一、成年初显期及相关挑战

18～25岁这一发展阶段叫做成年初显期，是子女向独立自主的成年期过渡的发展阶段（见图1-4）。在这一阶段，子女会经历许多重要转变。家庭系统的动态和相互依赖性决定了单个家庭成员的发展变化必然会影响家庭其他成员和整个家庭系统。因此，这个阶段也是家庭关系发展的一个重要里程碑。[①] 这一阶段父母的主要任务，是把家庭作为支持子女进行外部世界探索的安全基地，推进子女向自力更生的成年期进发。

---

① Oliveira, C., G. Fonseca, L. Sotero, C. Crespo & A. P. Relvas. Family dynamics during emerging adulthood: Reviewing, integrating, and challenging the field [J]. Journal of Family Theory & Review, 2020, 12(3): 350-367.

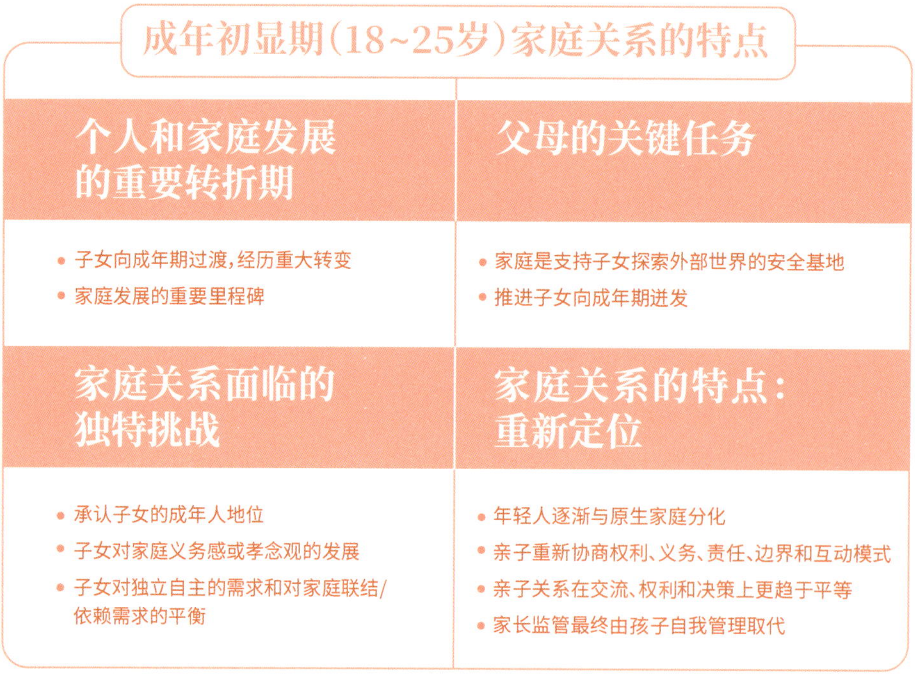

成年初显期(18~25岁)家庭关系的特点	
个人和家庭发展的重要转折期	**父母的关键任务**
• 子女向成年期过渡,经历重大转变 • 家庭发展的重要里程碑	• 家庭是支持子女探索外部世界的安全基地 • 推进子女向成年期进发
家庭关系面临的独特挑战	**家庭关系的特点:重新定位**
• 承认子女的成年人地位 • 子女对家庭义务感或孝念观的发展 • 子女对独立自主的需求和对家庭联结/依赖需求的平衡	• 年轻人逐渐与原生家庭分化 • 亲子重新协商权利、义务、责任、边界和互动模式 • 亲子关系在交流、权利和决策上更趋于平等 • 家长监管最终由孩子自我管理取代

图1-4　成年初显期家庭关系的特点

就家庭关系而言,这一阶段年轻人将"重新定位"与家庭成员的关系,进而逐渐与原生家庭分化,亲子之间重新协商各自的权利、义务、责任及双方之间的边界和互动模式,亲子关系在交流、权利和决策上更趋平等,之前的家长监管最终被孩子自我管理取代。成年初显期的家庭关系总体来看比青少年期、高中期更温暖,更少冲突,更多亲密感和相互支持,尤其是在母女之间。[1]

但同时,这一阶段的家庭也面临独特的挑战,主要包括:承认子女的成年人地位,子女对家庭义务感或孝念感的发展,以及子女独立自主的需求和家庭联结的需求这两者的相互平衡。

---

[1] Lindell, A. K. & N. Campione-Barr. Continuity and change in the family system across the transition from adolescence to emerging adulthood [J]. Marriage & Family Review, 2017, 53(4): 388-416.

这三个挑战是成年初显期亲子冲突的主要来源。这一阶段亲子关系中的紧张和矛盾是由于孩子在许多领域具有成人地位，但在某些方面如经济上、情感支持上仍依赖父母的这种夹缝状态所导致的，归根到底是亲子双方对自主性、亲密感、依赖感的需求不一致，对自主、权利、责任、期望的认识不一致而引起的冲突（见图1-5）。[1]

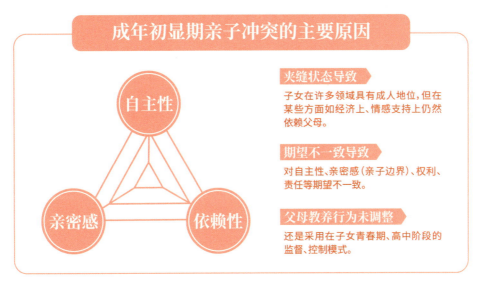

图1-5　成年初显期亲子冲突的主要原因

比如，在很多父母眼里，这个阶段的孩子（尤其是刚上大学前两年）还不算大人，因此他们没有及时调整教养行为，还是采用孩子在青春期、中学阶段所习惯的监督、控制模式。而成年初显期的年轻人对自主性、独立性、能力感的需求与日俱增，之前还算合适的监督方式和控制程度，在进入大学的子女眼里就变成了过度控制、干涉和侵入，因此导致亲子冲突。

---

[1] Collins, W. A. & C. Luebker. Parent and adolescent expectancies: Individual and relational significance [J]. New Directions for Child and Adolescent Development, 1994, 1994 (66): 65-80.

同时，这个时期是子女做出人生重大选择的阶段，包括大学专业的选择、职业路径的规划、亲密关系的建立。很多父母认为需要对孩子负责，因此在其人生重大决定上会参与介入，双方在这些决定上的期望、态度、意见不一致可能引发亲子冲突①。

二、以发展眼光看待

弄清楚了成年初显期家庭关系的特征和冲突发生的原因，就要以发展的眼光看待亲子冲突。有不少学者提出亲子冲突是"改变、适应和发展的重要动力"，适度的亲子冲突是具有适应作用的。② 冲突正是在告诉父母，孩子的需求和期望已经发生了变化，有必要对亲子关系进行适度调整。冲突的发生正是亲子相互之间的期望、权利、义务、责任需要调整的信号。③

因此我们可以把冲突看作是亲子间关于自主性、亲密感、依赖感怎样平衡的一个协商过程，是亲子互动模式向与子女发展阶段相适应的模式（如亲子关系更平等、更具相互支持性；子女更自主、独立）转变的催化剂。④

亲子双方经历一定程度的"成长的烦恼"是正常的。以一种双方都满意的方式重新协商彼此对关系的期望后，父母减少控制，冲突通常会减少，父母和子女间又会重新建立起融洽的、相互感觉舒适的亲密关系。

① Weymouth, B. B., C. Buehler, N. Zhou & R. A. Henson. A meta - analysis of parent–adolescent conflict: Disagreement, hostility, and youth maladjustment [J]. Journal of Family Theory & Review, 2016, 8(1): 95-112.

② Holmbeck, G. N.. A model of family relational transformations during the transition to adolescence: Parent–adolescent conflict and adaptation [M]. In Transitions through adolescence. New York: Psychology Press, 2018: 167-199.

③ Branje, S.. Development of parent–adolescent relationships: Conflict interactions as a mechanism of change [J]. Child Development Perspectives, 2018, 12(3): 171-176.

④ Smetana, J., H.F. Crean & N. Campione-Barr. Adolescents' and parents' changing conceptions of parental authority [J]. New Directions for Child and Adolescent Development, 2005, 2005(108): 31-46.

三、亲子冲突的负面影响

剧烈、频繁的亲子冲突会影响亲子关系质量。研究表明，与父母关系不良的年轻人，更有可能在价值观、亲社会行为、心理健康和外化行为方面适应失调，并更难应对向成年期过渡时遇到的压力和挑战。而亲子冲突与大学生的心理社会调适两者之间又是一个双向作用的过程：亲子冲突会降低子女的心理社会调适，例如引发更多抑郁情绪[1]；而子女更多的心理社会适应问题又会引发更多的亲子冲突[2]。

从学业职业角度讲，亲子关系质量良好有利于子女职业身份的探索，也是预测子女学业和职业成就的重要因素之一；从社会交往方面讲，亲子的互

[1] Cui, M. & P. Hong. COVID-19 and mental health of young adult children in China: Economic impact, family dynamics, and resilience [J]. Family Relations, 2021, 70(5): 1358–1368.

[2] Weymouth, B. B., C. Buehler, N. Zhou & R. A. Henson. A meta - analysis of parent–adolescent conflict: Disagreement, hostility, and youth maladjustment [J]. Journal of Family Theory & Review, 2016, 8(1): 95-112.

动模式为孩子在其他社会关系中的互动模式提供了榜样。如亲子之间建设性地谈论不一致的意见，孩子也会把这种建设性的行为模式迁移到与恋人和同伴的相处中去。[①]

研究进一步指出，亲子冲突对子女的影响取决于双方在意见分歧时是如何表达的。[②] 在冲突中陷入愤怒或其他强烈的负面情绪（轻蔑、攻击、敌意、指责），或只对对方表达认同、不敢表达异议的亲子关系模式下，子女会遇到更多问题。也有研究发现，只有在长期紧张的亲子关系中，亲子冲突的频率才与子女的社会心理调适问题有关。也就是说，原有亲子关系质量的"底色"和处理亲子冲突的方式，是决定亲子冲突是否对子女造成负面影响的关键（见图1-6）。

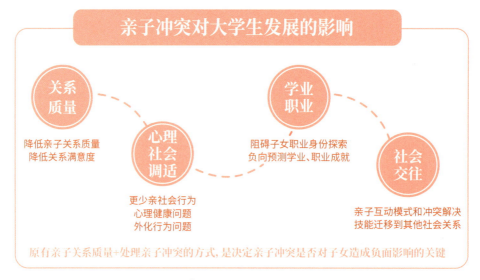

图1-6　亲子冲突对大学生发展的影响

① Arnett, J. J.. Socialization in emerging adulthood: From the family to the wider world, from socialization to self-socialization [M]. In J. E. Grusec& P. D. Hastings (Eds.), Handbook of socialization: Theory and research. New York, The Guilford Press, 2015: 85–108.
② Weymouth, B. B., C. Buehler, N. Zhou & R. A. Henson. A meta - analysis of parent–adolescent conflict: Disagreement, hostility, and youth maladjustment [J]. Journal of Family Theory & Review, 2016, 8(1): 95-112.

亲子冲突也会对父母造成负面影响。研究发现，亲子冲突对父母心理健康的负面影响甚至要大于对子女心理健康的影响。[①] 这是为什么呢？理论认为，对于刚成年的孩子来说，他们主要关心的是在原生家庭之外建立有意义的社会关系，获得新的角色和身份认同，注意力已从家庭里转移。然而对于这一阶段的大多数父母来说，照顾下一代仍然是非常重要的，加上父母对亲子关系的投入一般比孩子要多。因此，出现亲子冲突时，父母更难以接受，受到的打击更大。[②]

四、如何减少冲突

认识到冲突对亲子双方的负面影响后，家长又该如何减少冲突呢？

首先，父母要承认，孩子已经是成年人了。如果父母不能或不愿承认这一点，可能会减缓孩子向成年期过渡的速度。研究发现，父母对孩子与家庭分离和疏远的焦虑，会阻碍子女对成年人角色的探索。[③] 当父母充当一个支持性的"安全基地"的角色，而不是成为孩子向外部世界探索的牵绊，则更有助于孩子对自我身份的探索，他们更勇于试错，也更有利于他们各方面能力的发展。

其次，父母要有意调整自己的教养行为，赋予孩子更多的自主权，更少控制，尊重孩子对边界的要求。尤其忌用心理控制，如让孩子感到内疚或用

---

① Hong, P., M. Cui, T. Ledermann & H. Love. Parent-child relationship satisfaction and psychological distress of parents and emerging adult children [J]. Journal of Child and Family Studies, 2021, 30(4): 921-931.

② Bengtson, V. L. & J. A. Kuypers. Generational difference and the developmental stake [J]. Aging and Human Development, 1971, 2(4), 249-260.

③ Lindell, A. K., N. Campione-Barr & S. E. Killoren. Implications of parent–child relationships for emerging adults' subjective feelings about adulthood [J]. Journal of Family Psychology, 2017,31(7): 8-10.

冷暴力的方式来对待孩子。在对话时，不加评判地倾听，而不是用自己的先验经验一味否定孩子；父母可以建议和引导，提供父母视角的建议以便孩子作参考，但不是强加和要求。

最后，亲子双方对亲子关系的看法不同也会导致冲突。子女成年初显期的特征是社交网络的显著转变，同伴和男/女朋友的重要性日益增加，亲子关系更平等，而父母与孩子接触的频率、共有时间一般都在下降，尤其是男生与父母的联系频率要显著少于女生。若这时家长仍频繁地联系孩子，要求亲子关系是孩子社会关系的中心，就可能导致冲突。

五、冲突发生之后

当冲突发生了，家长该怎么办？

关系冲突在家庭生活中是否起到适应性作用，很大程度上取决于个体是如何看待和应对冲突的。

从看待方式方面分析，冲突发生后，家长要转变思维方式，不要将孩子成长规律导致的正常意见分歧当成孩子的不尊重或不孝顺行为。要就事论事，避免将冲突上升到破坏亲子关系的程度；要把它当成一个响应孩子的发展需求、确立新边界、平衡自主性和依赖感的动态协商过程。

从应对方式方面分析，要建设性地解决冲突，不要陷入愤怒或其他强烈的负面情绪（轻蔑、攻击、敌意、指责）中。当父母和子女对冲突中所提供的"信息"进行反思（例如，子女和父母讨论和思考哪些期望存在不一致），并对互动模式做出适当的调整时，冲突更可能发挥其适应性功能。

扫码观看
亲子冲突对孩子
及家长的影响

第二章

在大学生背后做好支持

· · · · · · · ·

大学对新生的挑战

8 月下旬，大学新生开学报到，迎新的氛围十分火热。老师和学长学姐们在园区宿舍入口迎接这些年轻的男孩女孩。一些有趣的画面映入眼帘：有的孩子手上抱着大大的毛绒玩具；有的孩子身前身后围着爸爸、妈妈、爷爷、奶奶等一群家长；走进宿舍，又常常看到家长们正躬着背为孩子铺床、挂蚊帐……

紧接着，不知谁已经建起了线上的家长群。报到后的几天是家长群里最热闹的阶段，有人发了一个段子，说"养个孩子就像造卫星，十几年心血，最后发送成功，考上大学，然后卫星就消失在茫茫外太空，只剩下定期不定期地发回来一些微弱的信号：给点钱、给点钱……"段子一下子引发了广大家长的共鸣，他们开始自嘲年纪轻轻却成了"空巢"老人，有的自曝在家看着孩子的空房间思念，也有的家长给孩子发短信打电话，见孩子没回应，就着急给老师打电话……

崭新的生活就这样开始了，孩子是新生，家长也迎来了"新生"。那么，大学的新生活到底是什么样的？孩子在大学里是怎样学习生活的？会经历哪些故事抑或是挑战呢？

高考以前，不乏有家长、高中老师对孩子们说：考上大学就好了。这个"好了"大概的意思是轻松了、自由了。事实真的如此吗？如果高考是中学到大学的转折点，那么大学就是学校到社会的中转站。离开家上大学是非常重大的人生转折，并不见得轻松。大学新生需要很努力，甚至比高中还辛苦，才能适应大学里的节奏，学出好成绩。大学是梦想开始的地方，但这条寻梦之路并不会是一片坦途，我们归纳了大学里五个方面的挑战与家长们分享。

一、挑战一：目标与选择

中学时，学生、家长、老师三方的目标高度一致——考一个好大学！然而考上大学后，这样高度一致、清晰具体的目标似乎模糊了，部分学生失去了方向感。

与高中时期"被安排""被管束"的生活不同的是，大学新生处于迷茫状态，却要做出各种选择。比如，报到当天就要选课，要从全校上千门课当中选择自己喜欢的、同时又符合要求的课程。此外，是否申请辅修或申请双学位，又是另外的选择。紧接着，就是选择社团或学生组织。大学里老师通常建议每人最多选 1 ～ 2 个，然而学校有上百个社团和组织，这可怎么选？最重要的一个选择是选专业，10 月份是浙大学生确认主修专业的时间，这让大多数既不了解各个专业又不了解自己的学生感到非常困惑。大学里，几乎每隔一段时间就需要学生做出选择，不管喜欢还是不喜欢，即使你茫然无措、纠结不堪，它都会向你走来。这些选择家长没法包办，老师也不能代替，因为选择的背后，是大学生对自我的逐渐探索和对目标的梳理规划。

二、挑战二：课程学习

大学的课程和高中是不一样的，高中三年只读语数外物化生等固定的课程。大学的课程是自主选、多样化、高难度的，比如理工科的数学类课程，包括微积分、线性代数、常微分、偏微分、概率统计等。考过一门获得相应的学分，达到总学分且满足对应要求才能毕业。这就意味着，每个长学期都有十几门课要考试，有考试就会有及格与不及格，如果大学生没有自觉自律地学习，那么，到了期末考试前夕一定是"压力山大"。

教学形式上，大学里也不再像中学时有固定的教室和同桌了，而是每个人根据自己要上的课程，走进相应的教室，上完课，老师和学生就离开了。很多基础课是大班化授课，一个教室近百个学生，是低着头刷手机还是抬起头看黑板，是认真听还是昏昏欲睡地听，主要靠自觉。只有养成了课前预习、课后复习、按时交作业等好习惯，才有望取得好成绩。

大学的学习资源，包括网站、MOOC 等海量网络资源，也包括教授、班主任、新生之友、学长等人力资源，都需要新生主动获取和利用。主动用好这些资源，不仅能促进新生更好地学习，也有利于新生做选择、规划大学生活以及找到人生方向。

三、挑战三：课余生活

有人说课余生活还能有什么挑战。其实，业余时间正是考验大学生能否独立生活、能否管理时间、能否发展自我的关键。

表 2-1 是一个学生一天的作息安排，时间从早晨 6 点持续到晚上 11 点。可以看到，他一大早跑步锻炼身体，利用间隙时间洗衣服，接着就是一天的课程。到了晚上 9 点半，一般是学生组织和社团活跃的时候——开会、讨论、开展工作。这个学生是辩论队的，所以晚课结束后还要准备辩题。很多同学就是在课余时间里锻炼了领导力、组织协调能力、沟通表达能力等综合素质，学会了使用办公软件、图片处理软件、视频编辑软件等技能。

表2-1　一个大一学生的作息安排

时间	作息安排
6:00	起床
6:20	东操跑步打卡
7:00	吃完早饭,回寝室洗澡,洗衣服 (如果有微积分课的话,把衣服留到晚上,先去占座)
7:30	出发上早课,上完课到图书馆或自习室把课上的东西搞懂,整理笔记
12:30	食堂吃饭,回寝室休息(考试周为了占座就直接在教室或图书馆休息)
13:45	出发上课
17:30	晚饭

续表

时间	作息安排
18:00	图书馆看书,写作业
21:30	去安中大楼和队长准备辩题
23:00	讨论结束回寝室

另外,一些学生在中学时代没有时间或没有条件保持兴趣爱好,到了大学终于有了发展爱好的机会,比如绘画、舞蹈、乐器、摄影、轮滑等。找到自己真正喜欢的事情,能够让生命焕发光彩,充满活力,不仅可以愉悦心情,有时还能舒缓压力。大学的课余生活可以很丰富。充分利用好碎片化的课余时间,是提升自我、形成个性品质、与别人拉开差距的秘诀。但要注意分清主次,不能影响课程学习。

四、挑战四:人际关系

大学相当于小社会,五湖四海的同学聚在一起,性格特点、生活习惯都有所不同,一个寝室四个人,需要彼此包容和尊重。尤其在相互影响甚至发生冲突时,适应、磨合以及保持积极的沟通非常重要。有些寝室里关系融洽,室友一起去自习,一起探讨学业,早晨互叫起床,晚上开卧谈会,四个人互相促进、共同进步。当然也会存在寝室成员关系紧张的现象,比如与室友性格不合、作息不一致,感觉自己被孤立,彼此都不舒服。所以,人际关系很重要。关系都是需要用心去经营的,这一点,如果孩子没有意识到,那么家长可以帮助他们建立正确的认知。千万不要和孩子一起说宿舍某个同学的坏话,这会使紧张关系加剧,也不利于孩子正确应对人际关系的挑战。

大学里需要重视的另一个关系就是亲密关系。如果发现孩子谈恋爱了，您会是什么态度？有些家长说那要具体问题具体分析，比如看他找了什么样的朋友。有些男生找了学霸女朋友，慢慢被女朋友带着有规律地学习和生活，不仅成绩提高了，人也变得体贴成熟了。当然也有学生因为情感受挫、吵架分手等而心情低落，需要调节、疏导。所以既不反对也不鼓励或许是一种比较好的态度。因为反对没有用，大学生恋爱是很正常的事；但是也不一定去鼓励，顺其自然即可。家长要做的是帮助孩子树立正确的恋爱观。莎士比亚曾说，"爱情不是树荫下的甜言，不是桃花源中的蜜语，不是轻绵的眼泪，更不是死硬的强迫，而是建立在共同基础上的心灵沟通"，家长要引导孩子在亲密关系中学会相知、相敬、相让，共同进步。

五、挑战五：面对挫折和自我认同

有一句话说：你来到浙大是万里挑一，但进入浙大后却只是万分之一。听上去有点心酸，但事实就是这么残酷。浙大的学生们高中时都很出色，不仅有成绩名列前茅的，还有从小到大当班干部的，以前经常受老师、同学的夸赞。然而，他们进入大学后发现，身边同学都很优秀，感觉自己非常平凡，很不起眼。有人钢琴十级，但自己什么才艺都没有，貌似只会学习；然而说擅长学习也很心虚，因为上课勉强能听懂，考试都要担心挂科，这叫擅长吗？于是，他们开始深深地怀疑自己究竟会做什么、能干什么。

美国心理学家艾里克森提出了自我认同的概念，也称"自我同一性"，通俗说就是知道"我是谁"，并且从过去、现在到未来的时空中，对我所认知的"自己"抱有一种持续的、稳定的认同感。对于大学新生来说，在新的学习生活环境中，宽松的学习氛围和来自全国各地的优秀同学一定程度上容易导致他们迷失自我、降低自我评价、自信心受挫、害怕承担社会责任。此时，培养自我认同感，不仅能消解负面情绪，更是一剂能促使学生自我发展、自我完善的良药。

进入大学后的几个月，一些学生慢慢树立了目标，坚定而自信、忙碌而充实地过着每一天；而有些学生，可能变成了低头族、夜猫子，呈现出懒散、脆弱、颓废、沉迷游戏、自卑内向等状态。如果出现这些状态，请家长不要过多指责批评孩子，而要尽力走进孩子内心，听听他们正在经历什么，尝试着与他们一起想办法克服困难，解决问题。

总之，面对孩子的成长，多一些理解，适当的关心。要始终站在孩子身旁，而不是站在孩子对面，更不能缺席、失语。对于问题，我们倾向早发现、早干预，要采用智慧的方式去改善，比如积极有效的沟通、家校联动，等等。家校合力，才能为新生成长保驾护航！

本节介绍了新生在大学有可能遇到的五类挑战，接下来我们将具体谈谈家长该如何在孩子背后支持他们克服这些困难。

扫码观看
大学对新生的
挑战

如何支持孩子的生涯规划

    不久前参加毕业 25 周年的校友值年返校活动，已经是大学生家长的校友们普遍感叹与自己孩子的沟通不顺畅。一方面，家长很想了解孩子上大学后的想法并期望为孩子提供力所能及的帮助；另一方面，孩子回应家长的关心与问题时常常使用非常简短的词句，诸如"还行""可以""挺好"，以至于家长感到与孩子之间的"代沟"越来越明显，也越来越不了解自己的孩子。这让人想起了一段话："我慢慢地、慢慢地了解到，所谓父女母子一场，只不过意味着，你和他的缘分就是今生今世不断地在目送他的背影渐行渐远。你站立在小路的这一端，看着他逐渐消失在小路转弯的地方，而且，他用背影默默告诉你：不必追。"

    的确，孩子长大后离开父母、逐步脱离父母的呵护是客观规律。那么作为新生家长，如何通过有效沟通交流，支持、帮助孩子科学合理地规划大学生涯，从而为以后更加放心地放手奠定基础呢？

孩子健康成长是家长和学校的共同心愿。双方都期望能够通过家校携手，达成事半功倍的效果。大家可能都有体会，父母是人生中的先赋角色，家长们都是在没有经过任何培训的情况下就为人父母的。因此，作为家长，只有与孩子一起成长，才能更好地帮助、支持孩子。

谈起这个话题，就不得不提浙大学子都熟知的竺可桢老校长于1936年9月在新生开学典礼的演讲中提出的两个著名问题：第一，到浙大来做什么？第二，将来毕业后要做什么样的人？这两个问题一直镌刻在浙大校园内的大石头上，默默地提醒着一代代的浙大学子去思考和践行（见图2-1）。从生涯规划的角度来看，第一个问题是让学子们思考如何做好学业规划，第二个问题则是让学子们思考如何做好人生规划。家长在日常与孩子交流时，也可以多问问孩子是如何思考和回答竺可桢老校长的这两个"生涯之问"的。

诸位在校，有两个问题应该自己问问：
第一，到浙大来做什么？第二，将来毕业后做什么样的人？

图2-1 竺可桢校长的"生涯之问"

可见，做好生涯规划对每一位大学生来说意义重大，而在此过程中，家长也需要给予孩子支持和帮助。本节将从"理解生涯规划""掌握提问方法""达成期望目标"三个方面详细展开。

一、理解生涯规划

既然要谈"生涯规划"，首先需要厘清什么是"生涯"。著名职业生涯规划师、美国职业管理学家舒伯曾为"生涯"下过一个定义："生涯（career）是生活中各种事件的演进方向和历程，它统合了个人一生中依序发展的各种职业与生活角色，由此表现出个人独特的自我发展形态。"也可以简单地理解为"生涯就是践行生命意义的历程"。从生涯规划的角度来看，生涯关乎目标、关乎价值、关乎选择、关乎行动，也关乎效能。做好生涯规划对于促进孩子的生涯发展具有十分重要的意义。

那么，职业生涯究竟要规划什么？说白了就是让孩子明确自己的理想——自己想做的、适合做的、能够做的和值得做的，认知现实中有哪些机会、要求和条件，并且通过规划合适的路径去满足现实的要求，去实现自己的理想。实现理想的路径设计需要生涯决策和生涯行动，并根据实际的行动结果及时评估、修正和调整（见图2-2）。

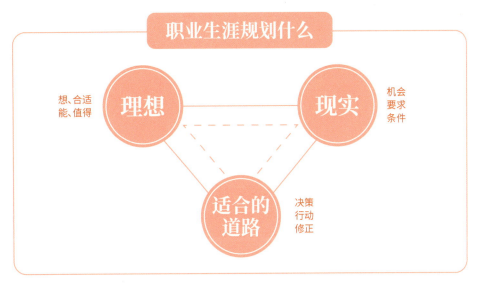

图2-2　职业生涯规划

　　也许有家长想问，当前孩子处在哪个生涯发展阶段呢？根据舒伯的生涯发展阶段理论，一个人一生中的生涯发展可以分为五个阶段：成长阶段是指从出生到14岁，这一阶段的生涯发展任务是"发展自我概念，发展对工作世界的正确态度，并了解工作的意义"；探索阶段是指从15岁到正式进入职场前，这一阶段的生涯发展任务是"发展相关的技能使职业偏好逐渐具体化、特定化并实现职业偏好"；除此之外还有建立阶段、维持阶段和退出阶段。显然，大一的孩子正处在生涯探索阶段。探索阶段的孩子需要探索更多生活空间，了解更多的工作机会，验证一些梦想的真实性，初步确认自己的生涯选择并能做出相应的职业决策。

就孩子的生涯发展而言，完成相应阶段的生涯发展任务是"必修课"；未完成的生涯发展任务将会"如影随形"；等错过再去"补课"，成本只会越来越高。因此，家校需要携手更好地帮助孩子完成探索阶段的生涯发展任务。

做好生涯规划，孩子应了解生涯发展理念，最基础的一点就是"我的生涯我做主"——大学时代是孩子进行生涯探索的关键阶段，学会自主做生涯决策是孩子走向生涯成熟的必经之路。这就需要家长给予孩子足够的信任与选择权，不要过多地干涉他们的选择，尊重和支持孩子自主进行生涯探索和实践。作为家长难免都会有"望子成龙""望女成凤"的心态，在孩子进入大学又已成年的情况下，学会放手并给予孩子足够的信任和尊重，也是家长的"必修课"。

要有效支持孩子的生涯规划，就需要家长在平时与孩子定期进行的沟通交流中，注重给予孩子强有力的心理陪伴和支持。因此，与孩子沟通交流的基本原则就是：多提问，少说教；多倾听，少建议；多鼓励，少批评（见图2-3）。其中特别重要和有效的就是要掌握针对孩子生涯发展状况的提问方法。

图2-3　掌握提问的方法

二、掌握提问方法

有效发问的四个关键点是：（1）对生涯目标的提问——可以激发孩子自主思考；（2）对孩子优、劣势的提问——生涯发展需要的是"扬长避短"，而不是"取长补短"；（3）对行动方案的提问——可以促进孩子增强行动力；（4）在孩子有需要时，及时告知他们家庭能提供的资源支持——可以让孩子更加安心和放心。

在此给家长们各举一些例子供参考，只要大家理解了发问的目的与含义，就可以根据平时与孩子沟通的实际需要，灵活调整和适当选用。

针对孩子生涯目标的提问——你觉得怎样的人生特别有意义？你想成为什么样的人？10年后你想过什么样的生活？你计划大学毕业后做什么？这个学期，你有哪些具体目标？

帮助孩子进行优、劣势分析的提问——为了实现……你的主要优势是什么？还有呢？要实现……你还需要提升哪些能力？你打算如何提升这些能力？还有呢？其中，"还有呢"是个神奇的问题，家长们实际用了就能体会到，孩子总能找到多种解决自身生涯发展问题的方法。

促进孩子计划行动的提问——你当下最想改变的是哪个方面？你做些什么，才会出现这些改变？你的行动计划是什么？你会什么时候开始行动？你行动计划的第一步是什么？请记住，在孩子谈完自己的想法后，及时给予孩子赞赏及赋能，比如你真棒、我相信你一定能做到等等。这些认可和肯定可以有效帮助孩子增强自信心和提升自我效能感。

帮助孩子整合资源的提问——为了实现……你需要哪些资源？你现在拥有什么，这些资源需要怎么规划？你必须发现哪些其他必要的资源？你需要什么帮助？从谁那里可以获得这些帮助？请记得及时告诉孩子，针对孩子的生涯发展任务，家庭可以提供哪些支持。这些支持可以是物质的、精神的、心理的、人脉的、信息的，等等。

这些问题都可以帮助家长在日常与孩子沟通交流的过程中有效引导和促进孩子积极思考；同时，家长在用心倾听孩子阐述的过程中，也可以更好地理解和支持孩子的生涯成长。

三、达成期望目标

家长的支持能够促进孩子更好地树立生涯发展自主责任意识，积极主动地将远大理想付诸每一天的实际行动。家长期望孩子达成的目标毫无疑问也是学校的人才培养目标，即培养德智体美劳全面发展，具有全球竞争力的高素质创新人才和领导者。生涯规划本身就是为了更好地帮助孩子"让梦想照进现实"。

一起来看看几位浙大学子毕业时的感言：

展祥皓（竺可桢学院）：我将赴斯坦福大学继续深造……我希望能够成为一位为"医工结合"贡献力量的工作者……

付常铸（医学院）：我将赴英国剑桥大学继续深造……做一名对国家甚至是全人类有用的人……

冯傲松（光电信息工程学院）：我将赴耶鲁大学继续深造……我立志为国家的核心技术发展贡献力量……

王梅晔（环境与资源学院）：我将赴密歇根大学安娜堡分校继续深造……扎根中华、放眼世界……

王文昊（建筑工程学院）：我将赴陆军工程大学继续深造……我意识

到我们青年一代重任在肩，要将我们在浙大所学应用到祖国的国防建设中去……

常欣仪（经济学院）：我将赴伦敦政治经济学院继续深造……与那些灿若星辰的名字一起共享求是之光的荣耀……

陈鑫颖（人文学院）：我将赴复旦大学继续深造……传播中华优秀传统文化。浙大教会了我求是创新，更教会了我什么是人文情怀……

张正年（计算机科学与工程学院）：我将赴上海基层组织工作……在浙大，我树立了踏实做事的准则和全心全意为人民服务的意识……

游海江（外国语言文化与国际交流学院）：我将要加入中华人民共和国外交部……在浙大，我开阔了国际视野，树立了时代责任感……

王英强（海洋学院）：我将在浙江大学海洋学院继续攻读博士学位，怀揣"海洋强国"学术理想，我将立志扎根国家海洋事业……

徐凯（环境与资源学院）：我将赴四川昭觉开展支教扶贫工作，我希望将自己的理想追求同国家的前途、民族的命运紧密地结合……

杨晨（光华法学院）：我将成为一名选调生赴山东基层工作……

孔令航（心理与行为科学系）：我将赴北京大学继续深造……我希望能够成为一名践行求是创新精神的科研人……

徐博（药学院）：我将在浙江大学药学院继续深造……我希望能够成为一名建设健康强国的一流药学人才……

彭熙文（信息电子工程）：我毕业后将肩负起保卫祖国的重任，努力做一个有理想、有本事、有血性、有品德的共和国军官……

这些毕业生的样子也将是大一的孩子们四年后毕业时的样子，让我们共同努力并期待！

　　本节谈论了家长应如何支持孩子的生涯规划，下一节我们将谈谈家长在人际关系方面可以给予孩子怎样的支持与帮助。

扫码观看
如何支持孩子
的生涯规划

如何支持孩子的人际关系

肖霄最近越来越不想回寝室，心情也有些低沉。他在中学阶段有几个形影不离的朋友，经常一起打球吃饭。他没有想到大学生活竟然会让他觉得有些孤单。同班的同学分布在不同的专业，同上一门课的同学下课就作鸟兽散。在忙着赶去下一个目的地的人群里，他觉得大学的校园好大。两个室友都挺友好的，但就是没法儿像高中的朋友那样轻松地玩耍和嬉笑。和爸爸妈妈打电话的时候，肖霄不习惯和他们说太多自己的事情，也不知道自己的这种感觉该从何说起。爸爸告诉过肖霄，周围的老师同学都是珍贵的人脉，宽以待人，不要太计较。肖霄觉得爸爸说得没错，但没办法套用到自己的情况中。

大学生的人际关系有时并不像父母们想象得那么简单。那么家长们该如何支持孩子的人际关系呢？

　　大学人际关系的第一个特点就是它在孩子们生活中的重要性。多项研究发现，我国大学生心理健康问题主要来源于人际交往，在大学生涯中面临过人际关系困扰的孩子可能有半数之多。[①] 可以说，人际关系是大学的一门必修课，是孩子们走向社会过程中的社交实验课。

　　大学阶段的人际关系之所以富有挑战，是因为它和孩子们之前人生阶段的人际关系有很大区别（见图 2-4）。大学人际关系具有主动性。在大学里，班级的概念淡化了，被动的以座位、班级为单位的社交关系不复存在，取而代之的是专业、年级、兴趣爱好等因素。因此，大学的人际交往更加需要主动出击。大学社交的另一个特点是独立性。由于大家的时间、爱好都不相同，一个人吃饭、一个人选课、一个人报名感兴趣的社团、一个人去实习都可能发生，因此孩子们需要学着独立做出很多自主选择。大学的社交也是网络化的。浙大的许多同学在 CC98、朵朵这些属于浙大学子的论坛和社交平

[①] 赵冰洁，陈幼贞. 大学生心理咨询问题分析. 健康心理学杂志 [J]，2004.12（1）：13-36.

台上找到了跨越年级、不同宿舍的有共鸣的朋友，获得了资讯，找到了归属感。最后，大学的社交对于孩子来说是迫切的。很多孩子带着建立新的社交圈，表达自我、开阔视野的期盼进入大学，而找到自己的圈子与孩子们的自尊自信息息相关。因此，大学的社交是现实与网络交织的，是孩子寻找独立与依赖的平衡的过程。

图2-4　大学人际关系特点

　　研究发现，大学生的人际交往与孤独感环环相扣。[1]人际交往能力的评价会影响孤独感，而越感到孤独就越会降低自己感知的人际交往能力。孩子们在大学里可能感受到哪些常见的困扰呢？有些学生可能会发现，大学的老师不再像高中老师那样事无巨细地管学习管成绩了。什么时候复习、预习，什么时候交作业和参加考试，上什么选修课都需要大学生自主管理。很多孩

① 任丽杰，莫碧波，李丹，刘俊升. 大学生人际关系能力与孤独感的交叉滞后分析 [J]. 中国临床心理学杂志，2020，28（4）：850-852.

053

子在适应自主性决策的过程中可能觉得"压力山大"。高自主、高竞争、高压力的学习环境可能让孩子更加害怕失败，害怕让他人失望，而这种担忧和害怕可能导致封闭、社交退缩、求助延迟。此外，很多孩子进入大学后退出了原本的社交圈，在离开家又离开了故友的阶段，徘徊在偌大的校园内，可能会感到十分孤独和迷茫。

　　了解了孩子们在大学社交必修课上经常面临的挑战后，家长可以如何支持孩子呢（见图2-5）？

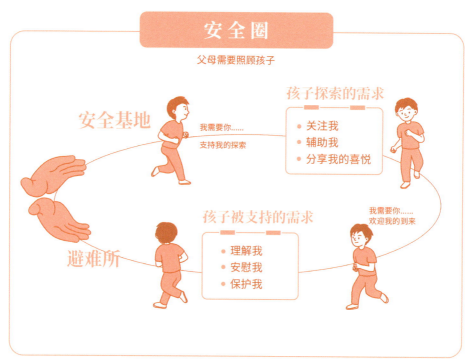

图2-5　家长和孩子的依恋关系"安全圈"①

---

① Powell, B., G. Cooper, K. Hoffman & B. Marvin. The Circle of Security Intervention: Enhancing attachment in early parent-child relationships[M]. Guilford Press，2014.

依恋理论指出，家长与孩子形成的依恋关系有两个特殊的功能。这两个功能可以看作图 2-5 中的两只手。上面这只手将感到好奇的、兴奋的、想要探索的孩子送出去，做他们的安全基地。这时候家长要关注孩子，帮助他们解决困难，分享他们的喜悦，使孩子能够更充分地探索新的经历。下面的这只手将感到压力、恐惧的孩子迎回来。这时候孩子需要被理解、被安慰、被保护。在避难所充电完毕以后，孩子又将踏上探索的旅途。孩子的整个依恋需求可以被看作这个圈子的循环。不同的家长可能擅长扮演的角色不同，但每位家长都需要学会在孩子想去探索的时候送他出去，在孩子需要安慰的时候迎他回来。

把这个理论放到具体的情境里，想象孩子兴高采烈地给你打电话，说他今天参加了社团招新，纠结了好久，加入了一个悬疑推理社。这个时候，孩子想要离开"安全基地"出去探索，家长就可以做"送出去的手"，分享孩子的喜悦。如果这时家长做了"迎回来的手"，比如告诉孩子你担心他的学业、担心他今天因为参加活动连饭都没顾得上吃，就像是把想要出去探索的孩子拉了回来。

再想象另外一个情景。有一天孩子坐在浙大的湖边给你拨通了电话，他说最近很想家，寝室的同学孤立他。这个时候孩子需要家长做"迎回来的手"，安慰他，理解他的感受。如果这时家长做了"送出去的手"，比如告诉孩子他不需要把室友看得那么重，他参加的新社团里面一定有很多有趣的同学，他应该多去认识新人，这就像是把想要回避难所的孩子推了出去。

那么家长可以做些什么呢？

这里有几个小建议。第一，考虑到大学生活的转变以及孩子对探索的需要，家长需要重构家庭关系的边界，比如重新商定联系的频率。第二，要更好地做孩子的"安全基地"，家长也要排解自己的紧张和焦虑，不要过度担忧，也不要把孩子新生的想法和独立看作对自己权威的挑战。这是帮助家长做那双"送出去的手"。

第三，家长可以了解大学生常见的适应困难，安慰孩子很多挑战和困难是能够理解、也很常见的，鼓励孩子求助。第四，在孩子寻求支持的时候，家长可以主动倾听，多问问题，不急于评价，不急于给建议。在平时和孩子交流的时候，多问问孩子"最近怎么样""发生了什么有意思的事情"，了解孩子的大学体验。后两个建议，是帮助家长做那双"迎回来的手"。

碰到家长无法解决的问题时，鼓励孩子多利用身边的资源。大学的咨询中心每天都免费接待浙大学子，心理系的心理帮扶团也会定期推出主题丰富的团体辅导活动，例如科研互助团体辅导、人际关系团体辅导。家长可以推荐孩子关注"浙江大学心理帮扶团"的微信公众号，了解相关知识。

本节谈论了家长应如何支持孩子的人际关系，下一节的主题是人际关系的一种——亲密关系。

扫码观看
如何支持孩子
的人际关系

如何支持孩子的亲密关系

刘女士最近有点忧心女儿的情况。女儿最近不爱和家里联系，打电话的时候，刘女士听出来女儿情绪不好，询问了几句她就哭了起来，说和男朋友分手了。刘女士其实并不希望女儿大一就谈恋爱，既怕孩子们掌握不好分寸，也希望女儿先好好探索大学的生活再谈恋爱。更何况女儿没有向自己正式介绍过男朋友，从平时的聊天中，刘女士拼凑出了一个不怎么成熟、也不太自律的形象。因此，听到女儿分手的消息，刘女士心里反倒有一点点轻松。刘女士想宽慰女儿，刚说了"年轻的时候应该多尝试，现在的挫折都是日后的财富"，话还没说完，女儿竟挂断了电话。

很多父母可能都会为子女的恋爱问题大伤脑筋。错误的沟通方式可能会伤害亲子关系，那么家长们该如何支持孩子的亲密关系呢？

我们日常接收到的咨询中充斥着关于亲密关系的矛盾和迷思。下面将从这些常见的迷思开始，谈谈健康的亲密关系有哪些特点，以及家长该如何帮助孩子建立健康的婚恋观。

谈到亲密关系，可能大家第一个想到的就是现在的年轻人好像不想结婚。大量影视作品里，家长都是催婚的，孩子都是被逼婚的。确实，我国结婚人数已连续七年下降，2018 年我国平均初婚年龄已超过 27 岁。[1] 是年轻人不想要亲密关系了吗？答案是否定的。我国某知名婚恋网站对用户进行的一个网络调查显示，超过 95% 的年轻人期待甜蜜的恋爱，期待脱单。由此可见，年轻人并不是不渴望亲密关系，而是渴望足以让他们有走入婚姻欲望的亲密关系。

大学阶段的学生可能有的另一个迷思是，应该学习还是应该谈恋爱？家

① 国家统计局 . 中国统计年鉴 2021[M/OL]. 中国统计出版社，2021. http://www.stats.gov.cn/tjsj/ndsj/2021/indexch.htm.

长和老师一直倡导以学业为重，觉得恋爱阻碍学业投入。但是进入大学以后，亲密关系的时钟好像突然开始摆动起来，婚恋压力应该是当代年轻人很熟悉的社会话题。你的孩子或许也在思考如何权衡学业和亲密关系。

第三个迷思是，亲密关系真的有"代沟"吗？生活中经常会听到大家谈论现代年轻人的婚恋观念非常开放，与上一辈的看法有很大区别。研究发现，家长的婚姻关系与婚恋价值取向会影响孩子的婚恋价值取向[1]，而现代年轻人之间对于婚恋的看法也有很大差异性[2]。有研究表明大学生重视选择喜欢的人，但也有研究发现大学生看重功利的择偶条件。有研究发现大学生性观念开放、宽容，但也有研究发现大学生观念仍趋保守。大学阶段是孩子们建立和完善自己婚恋观念的重要时期，研究中的差异性可能体现了大学生思想的可塑性、多样性。所以，把家长和孩子天然地分成两个相对立的婚恋阵营太过简单和武断。

很多家长可能会担忧孩子在亲密关系中受到伤害，因此家长需要教孩子识别健康和不健康的亲密关系。健康的亲密关系应该有这几个特点[3]：情感是亲密的，彼此能够分享情绪；有共同的目标与价值观；会一起做一些事情、分享共同的经历；愿意沟通；彼此尊重；彼此关爱。在不健康的亲密关系里往往会有极端的情绪波动，可能存在肢体伤害，可能有不完全自愿或感到不尊重的性行为，可能有经济控制等。

家长可以帮助孩子建立更加健康、健全的婚恋观，使孩子在充满尊重、彼此关爱的亲密关系中成长（见图2-6）。这里想分享几个建议：

---

[1] 童辉杰，杜珍琳，赵郝锐. 大学生父母的婚姻关系与婚恋价值取向的代际传递 [J]. 中国心理卫生杂志，2015，29(9)：714-720.

[2] 张海霞，郭成. 当代大学生婚恋观特点及影响因素分析 [J]. 中国性科学，2017, 26（3）：151-154.

[3] Manitoba Education and Early Childhood Learning. Understanding Healthy Relationships[EB/OL]. https://www.edu.gov.mb.ca/k12/cur/physhlth/supporting/gr12_e.html.

帮助孩子建立健康的婚恋观

打破尴尬，聊聊婚恋 ♡
- 正视孩子的情感需求，与孩子轻松地聊聊彼此对结婚年龄、婚姻、恋爱的看法。

减少对立，增加理解 ♡
- 有时候家长强势立场的背后是害怕失去对孩子的掌控。

帮助区分，把关风险 ♡
- 大学是很多人尝试亲密关系的阶段。
- 区分正常的关系起伏，为孩子把关不健康的亲密关系。

主动关心，支持求助 ♡
- 家长不必是孩子聊恋爱感受的首选，只需是孩子感到困扰时的后盾。
- 鼓励孩子与辅导员、"新生之友"、班主任、咨询中心说说恋爱中的困惑。

图2-6　帮助孩子建立健康的婚恋观

第一，家长或许可以打破尴尬，聊聊自己的婚恋故事，特别是和孩子谈谈彼此对于结婚年龄、婚姻和恋爱的看法。很多孩子对于家长的恋爱故事有好奇心，而家长也是孩子了解亲密关系的重要引路人。

第二，家长要减少对立、增加理解。有时候，家长强势的立场背后是对孩子很深的担忧，或者是害怕失去对孩子的掌控。直接表达自己的感受，接纳孩子成长所带来的改变，倾听孩子的想法，一定程度上可以柔化对立的观念。

第三，大学是很多人尝试亲密关系的阶段，家长可以帮助孩子区分正常的关系起伏和不健康的亲密关系，提醒孩子学会识别亲密关系里的警报，为孩子把关风险。

第四，家长可以主动关心，也可以鼓励孩子求助。家长不必是孩子聊恋爱感受的首选，但需要成为孩子触礁时的后盾。家长也可以鼓励孩子和辅导员、班主任、咨询中心的咨询师说说自己恋爱中的困扰。

最后推荐几个资源，一是浙江大学心理健康教育与咨询中心网站（www.xlzx.zju.edu.cn），这里可以免费接待浙大学子，与之探讨各种困扰和困难；二是"浙大心理系帮扶团"的微信公众号，其中有关于亲密关系的团体辅导活动；三是浙大开设的一些心理课，其中就包括"成长中的亲密关系"等。

扫码观看
如何支持孩子
的亲密关系

第三章

当大学生遭遇逆境

....

大学生常见逆境及影响

　　一向成绩优异的小黄从外省考入浙江大学后，一方面忙于适应气候、饮食、住宿等环境，另一方面忙于适应人际交往、社团活动和课程学习，一个学期下来，不仅成绩优秀，而且还锻炼了各种能力。后来，以前的高中同学对她表白，她自己身在异乡也很想谈恋爱，于是开始了一段"异地恋"。一开始，恋爱是甜蜜的，可是没过多久，这段恋情对小黄的学业产生了很大影响。不仅每个晚上都视频聊天，男友也经常周末来看她。小黄觉得力不从心，想要分手却难以割舍，想要继续却无力应对。痛苦的小黄不得不向母亲哭诉，谁知母亲不仅不理解，还严厉批评，并坚决让她分手。但男友又坚决不想分手。小黄进退两难，焦虑、失眠，甚至觉得人生没意义，怎么谈个恋爱都这么纠缠、痛苦……

　　作为家长，你了解大学生常见的逆境吗？当你得知孩子所遭遇的逆境后，你该如何应对呢？

俗话说：人生不如意十有八九。大学生活也并不总是一帆风顺的，有的孩子遇到困难时能够独立克服，而有的孩子则无力应对。下面我们就和家长们谈谈大学生的常见逆境，以及当孩子遭遇逆境时，家长需要关注什么。

一、大学生常见逆境

结合实际生活，大学生的逆境主要分为四大类（见图3-1）：第一类是学业和职业发展问题，第二类是人际关系问题，第三类是个性、性格、新生适应等相关问题，第四类是精神障碍相关问题。

1. 学业和职业发展

第一大类是与学业和职业发展相关的困境。有些学生考入大学，就以为

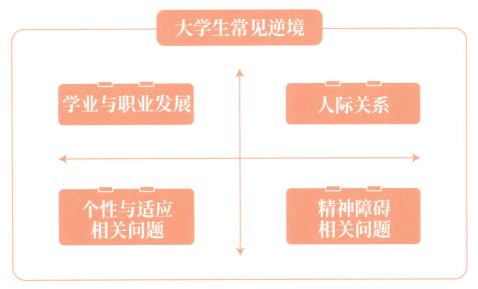

图3-1　大学生常见逆境的类别

进入了保险箱，因此思想懈怠，学习放松，一不小心成绩挂科，甚至面临退学的风险；有些学生刚一入学，对什么社团都感兴趣，结果忙于各种活动，影响了学习；有些学生的专业课程难度大，怎么投入都学不好，于是他们开始自我怀疑、自我否定；有些学生没有选到自己喜欢的专业，缺乏学习动力，被动应付；还有些学生对于职业发展感到迷茫，不会做职业规划，不知该如何度过大学生涯。学生的主业就是学习，当学习出现问题时，整个大学生活就会陷入阴郁之中。

2. 人际关系

第二大类是人际关系。著名心理学家、精神分析之父弗洛伊德曾说："人生最重要的两件事就是工作和爱。"联系大学生的生活，大学里最重要的两件事就是学习和人际关系。拥有良好的人际关系，进而培养亲密关系是大学生心理发展的一个重要任务。

　　进入大学的孩子们，对人际关系充满好奇、憧憬，但也有担忧、害怕。有些孩子不知如何交往，畏惧社交，自我封闭；有些则不知如何处理矛盾，要么冲突不断，要么回避交往；还有些容易在人际关系、亲密关系中受伤，时常会感到委屈、无助；更有些孩子与原生家庭的关系要么冷漠、隔离，要么对立、紧张，无法调和。这些都会让孩子陷入冲突矛盾或是孤独无助的困境之中。

□ 畏惧社交、自我封闭

□ 室友不和、影响作息

□ 遇人不淑、情感受伤

□ 家庭不和谐、关系冷漠或对抗

3. 个性与适应

　　第三大类是个性与适应等相关困境。有些孩子进入大学后，开始关注自我个性，不喜欢自己的个性，不接纳自我，尤其是和身边的同学一比较，变得更加自卑、不自信，难以适应大学生活；还有的孩子比较单纯，容易相信他人，进而被骗钱财。现在网络诈骗在大学生中时有发生，这也提醒家长们要关注孩子的财务问题。个别孩子思想麻痹，会出现违纪违规现象；还有一些孩子来自外省市，不仅需要适应学校的物理环境，还要适应人际和学习环境。尤其是有分离焦虑的孩子，容易出现适应障碍。

4. 精神障碍

最后一类是最棘手、最具挑战的精神障碍相关问题。常见的精神障碍有抑郁、焦虑、强迫、双相情感障碍，等等。有些孩子在入学以前就已有精神障碍史，曾就医服药；有些孩子虽没有就医诊断，但已有疑似精神障碍的相关症状。到大学后，如果遇到一些新的无法应对的刺激事件，就容易激发相关症状，从而导致精神障碍的复发或加重。如果没有得到及时识别和治疗，就会使孩子的症状加重，严重的则无法继续大学生活。

以抑郁障碍为例，2019 年世卫组织的网络数据显示：全球抑郁症患者占 4.6%，中国抑郁症患者占 6.9%。尤其是最近三年受到新冠疫情的影响，全球焦虑和抑郁症病例增加了 25% 以上。我国中科院发布的中国国民心理健康发展报告显示，2020 年中国青少年的重度抑郁检出率为 7.4%。也就是说，100个青少年中，有 7 个已达到医学诊断上的重度抑郁标准。这个数据真是触目惊心，因为当重度抑郁发作，严重的会有自杀想法或行为，会危及生命安全。所以，这些数据的呈现，再次提醒家长一定要关注孩子的心理状态，关注孩子的精神健康问题。

前文主要提及了大学生可能会遇到的四大类困境，而前三类的困境，比如学业问题、人际关系、个性与适应等问题，如果没有及时处理，也有可能引发精神障碍。如果家长不重视精神障碍，不积极配合科学治疗，那么，孩子就会陷入多重困境之中。

二、大学生常见逆境的负面影响

1. 常见逆境的影响

大学对孩子来讲是一个新的发展阶段。在新环境中遇到一些困境、有一些心理困扰，是很正常的事情，人们在不同的成长阶段都会遇到一些难题。如果遇到问题能够及时调节和处理，就不会影响身心健康。

但是，如果孩子的一般心理困扰没有得到及时疏解，随着时间延长和强度的加剧，就可能导致严重的心理问题，进而影响孩子的身心健康，影响其正常的学习、社交和生活。

本身就有精神障碍史的学生再度遭遇逆境后，情况就会雪上加霜，如果没有及时识别和干预，严重的甚至会引发危及生命的悲剧事件，因此家长一定要警惕！

2. 家长需要关注学生的不良信号

请注意孩子是否出现以下迹象：

（1）在情绪上，低落、容易被激怒，感觉活着没意义；

（2）在人际关系上，紧张、焦虑，畏惧社交，回避人群，没有归属感，感到孤独；

（3）在学习上，逃课、挂科、学业警告，作息紊乱；

（4）在生理上，饮食、睡眠、体重等发生改变。

当出现以上迹象时，孩子很可能出现了较严重的心理问题。这时候，一定要陪同寻求专业人员的帮助！学校的心理咨询师或医院的精神科医生都是值得信赖的专业人士。寻求专业人员的建议、陪伴孩子一起面对很重要！

三、逆境后再成长

逆境是困境，也是成长机会，无论是对孩子还是对家长。这也正如著名哲学家尼采所言："只要不被逆境打倒，我们就会变得更坚强。"有些人经历逆境后可以实现再成长。

以学业困境为例：有些学生遭遇学业困境后会自我封闭，陷入抑郁、焦虑而无力面对，最后导致休学甚至退学等严重后果；而有些学生遭遇学业困境后会选择求助，主动接受家长、老师、同学的帮助，主动寻求心理咨询师的帮助。或许应对的过程十分痛苦、挣扎，但最终能够度过学业危机，并且还能促进亲子关系、人际关系的发展，最后也找到了不错的工作。现实生活中也有不少"逆境后再成长"的例子。

所以说，同样的困境，应对方式不一样，就会有不同的结果。是看着孩子在逆境中沉沦，还是帮助孩子在逆境中成长，家长的积极态度和支持很重要！特别要强调的是，家长一定要注意早期信号，关注孩子的身心健康。

本节介绍了大学生常见逆境及其影响，下一节我们将谈谈家长应如何面对遭遇逆境的孩子。

扫码观看
大学生常见逆
境及影响

如何面对遭遇逆境的孩子

　　小王在高中时参与过数学竞赛，心气很高，虽然高考成绩不理想，但还是考入了浙江大学。刚一入学，脱离了父母的管教，没有了老师的叮嘱，他加入了自己感兴趣的社团，和社团里的一些朋友打得火热，还找到了一个女朋友。原以为找到了情感归属，谁知学习成绩一落千丈，女朋友担心耽误他的学习便离他而去。小王陷入了恐慌不安之中，开始自我怀疑\自我否定。他痛定思痛，决定先提高学习成绩，每一学期开始他都信誓旦旦地要好好学习，但一到期中或期末之前的几周，就开始紧张焦虑，睡不着觉，无法专注学习，后来好几门课挂科，还收到了退学警告。父母得知情后，立刻赶到，谁知他特别反对父母来校，坚决不见父母，更不要母亲陪读，父母左右为难……

　　如果你是家长，你觉得该如何与孩子沟通？如何才能让孩子接受父母的支持呢？

孩子步入大学，对他来说意味着独立，对家长而言意味着放手。然而，孩子在大学适应、发展的过程中，会经历很多挫折，有些挫折靠自己可以克服，有些挫折则需要家长的支持才能渡过难关，那么作为新生家长，该如何面对和支持遭遇逆境的孩子，帮助孩子提升抗逆力呢？

一、抗逆力的定义

关于抗逆力（resilience），美国心理学会的定义是指个人在面对生活逆境或重大压力事件时的一种良好适应能力。[①] 每个人在面对压力或挫折时都会有一种"反弹能力"，这种反弹能力又被称为"心理弹性"或"复原力"。有些人在经历重大挫折或逆境后会被压垮，丧失正常功能，而有些人在经历重大挫折或逆境后会变得越来越坚强，实现逆境后再成长。究其原因，是因为后者具有较强的抗逆力。所以，提升个体的抗逆力很重要！

---

① 于肖楠,张建新.韧性(resilience)在压力下复原和成长的机制 [J].心理科学进展,2005,13(5):658-665.

二、抗逆力的训练框架

提升个体的抗逆力需要从两方面入手（见图 3-2）。一方面是个体内在的保护因子，指的是在经历逆境时，如何调整自我想法，如何调节负面情绪，如何修炼人格。这可以称为自助系统，或者说自我支持系统。另一方面是外在保护因子，指的是在经历逆境时要学会求助，例如学会寻求家庭、学校或其他社会组织的帮助。这可以称为他助系统，或者说社会支持系统。

当面对逆境时，孩子内在的自我支持系统很重要，但外在的社会支持系统也同样重要。外在支持系统有时会直接或间接影响其内在支持系统。家长是孩子至关重要的社会支持系统之一。孩子面对逆境时，如果家长支持到位，他们在逆境后就会有再成长的可能。如果家长支持缺位或错位，孩子就会陷入孤立无援的境地，严重的还会造成精神障碍甚至危机事件，让家长抱憾终生。

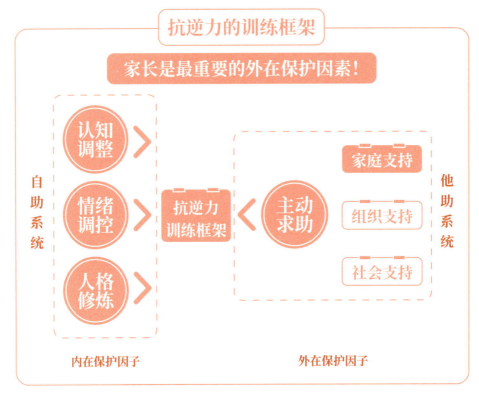

图3-2　抗逆力的训练框架

三、家长如何助力孩子成长

家长该如何发挥"他助系统"的功能，帮助孩子在逆境中成长呢？这里有两点供大家参考：一是成为孩子的"安全港"，帮助孩子调控情绪；二是成为孩子的"加油站"，帮助孩子调整认知。

1. 如何成为孩子的"安全港"

美国心理学家哈利·哈罗在1959年做了一个实验，给刚出生的幼猴设计了一个"铁丝网妈妈"和一个"绒布妈妈"。"铁丝网妈妈"有奶瓶，可以喂奶水。在当时，心理学界行为主义比较盛行，因此研究者推断：小猴子应该更喜欢"铁丝网妈妈"，因为有奶喝，可以满足生理需求。但是，实验发现，除了饿了时必须去"铁丝网妈妈"那里喝奶，大多数时候小猴子更喜欢和"绒布妈妈"黏在一起，享受可以依偎的、温暖的感觉。由此可知，关爱和温暖是生命的必需品。

如何让孩子感受到父母的关爱呢？试想孩子是一只远航的船只的舵手，在途中遇到危险，此刻的舵手最需要什么？是有人救援！这个时候，需要有人告诉孩子："别怕！别怕！我们来了。你需要什么？我们做点什么能帮助到你？"如果这个时候，家长是这样回应的：你看你，不让你远航，你非要出去；你看你这么胆小，有什么可怕的；你看你这点能力，真经不起什么风浪……这些指责、批评、挖苦、贬低、嫌弃，只会让孩子更加自责、愧疚，抑或是陷入愤怒、无助之中，一点也体会不到家长的关爱！

借由这个比喻，我们想要说明的是：家长需要成为孩子的"安全港"，让孩子在遇挫后愿意回来！为此，家长们要先学会处理亲子关系。关系好了，孩子就会愿意倾诉，愿意接受帮助；关系不好，说得再有道理，孩子也不会理睬。

怎样成为孩子的"安全港"（见图3-3）？首先，家长要学会处理自己的情绪。面对逆境中的孩子，家长容易焦虑不安，但越是焦虑不安，越不容易解决问题，而且很容易将这种情绪传递给孩子。此时，带给孩子的可能不是情感上的支持，而是情感负担，家长甚至成了孩子新的压力源。这也是心理咨询师在咨询工作中接触到的一些来自学生的真实心声。所以，家长们只有先处理、稳定好自己的情绪，才能去接纳、共情孩子的负面情绪，才能陪伴孩子一起调节他的情绪。让孩子在父母营造的安全港湾中好好休憩，感受亲情的滋养。

成为孩子的"安全港"

先处理"关系"，再处理事情！

先处理"情绪"，再处理事情！

先处理自己的情绪，再处理孩子的情绪！

图3-3　如何成为孩子的"安全港"

2. 如何成为孩子的"加油站"

首先，以积极视角来看待逆境，帮助孩子调节对"逆境"本身的认知。俗话说：人生不如意十有八九。遭遇困境对每一个成长中的个体来说都是很正常的事，关键是面对逆境的态度。家长的态度会直接影响孩子的态度，家长的高度会直接决定孩子的高度。

其次，以积极视角看待孩子，帮助孩子正确认知自我的能力。很多孩子受挫后，会陷入低谷，以偏概全，只能看到自己的问题和不足，沉溺在否定自我的消极情绪中无法自拔。这时，帮助孩子调节对自我能力的认知和找回自信很重要。

如何帮助孩子找回自信呢？一个简单实用的方法就是打开"自信宝库"——引导孩子回顾成长的过程中有哪些成就，以及这些成就是如何获得的。"自信宝库"里珍藏着孩子过往的优点和成就，珍藏着孩子为培养这些优点、获取这些成就所付出的努力和使用过的方法。不妨用写信或营造温馨谈话的方式打开它们。善用"自信宝库"能够使你的孩子走出情绪低谷，驱散"以偏概全"的消极迷雾；它们能够帮你的孩子找回自信，找回曾经那个善于解决问题的自己。

最后，积极寻找资源，帮助孩子学会利用资源，帮助孩子调节对"主动求助"的认知。不少孩子遇到困难时，总想着靠自己应对，也有的碍于面子不好意思求助、不愿意求助，甚至不会求助。要知道人是社会性动物，人类本身就是一个社会互助体。人的一生，本质上就是不断接受更多人帮助和不断帮助更多人的过程。能够主动求助，学会利用资源，是特别有智慧的应对逆境的方式。家长、老师、同学和心理咨询师都是可利用的资源。鼓励孩子勇敢迈出第一步，让孩子在主动求助中提升应对逆境的能力。

家长是一个没有上岗培训，没有薪酬奖金，也没有退休期的"职业"，育人成才是为人父母的责任和义务。如何化逆境为成长机会，成为孩子的"安全港""加油站"，需要家长不断修炼。孩子成长的背后更是家长的成长！让我们抱着终身学习、终身成长的态度，助力孩子在逆境中成长！一起培育更好的孩子，成为更好的家长！

本节讨论了家长可以从成为孩子的"安全港""加油站"两方面助力孩子渡过难关，下一节我们将谈谈许多父母都头疼的"游戏成瘾"问题。

扫码观看
如何面对遭遇
逆境的孩子

如何面对游戏成瘾的孩子

文文待在自己的房间里玩游戏已经很久了。在玩游戏之前他跟爸妈约好一起出去吃晚饭，但是他开了一局又一局，游戏里喊打喊杀的声音夹杂着嘈杂的音乐深深地刺痛着爸爸的耳膜；妈妈感到一阵头疼，担心他会整天玩游戏，尤其在大学里没有人管束的情况下会更严重。爸爸很着急，在妈妈焦虑的目光的注视下，爸爸更觉得应该管管，于是他走到文文房门口，劝他别再玩游戏了。文文感到十分厌烦，于是大声吼道："能不能别管我?！我都已经上大学了!!"

爸爸看到文文发火，感到刺痛的耳膜突突地"跳"了起来，他感到更加愤怒，想骂醒文文，于是冲他吼道："你看看你像什么样子，一天到晚只知道玩游戏！还懂不懂事，我看你就是个废人，一辈子都做不成事的废物！"

文文听到爸爸的话，感到既生气又伤心，于是摔门而去。作为父母，看到孩子沉浸在游戏里，肯定都会担心，这时候应该如何应对呢？

　　"青少年过度游戏"可以说是备受家长关注的话题，其实，只要对孩子青春期的心理、生理发展特点有所了解，对游戏成瘾的机制有所了解，就可以提前预防。

　　2018年，世界卫生组织发布的《国际疾病分类第十一次修订本（ICD-11）》提出，游戏障碍是精神疾病的一种类型，这是游戏成瘾的权威诊断标准。家长首先要理解的是，为什么要把游戏成瘾定义为一种精神疾病。提到精神疾病，有的家长可能会感到紧张，这和大众对于精神疾病患者的刻板印象有关系。但从后文对游戏成瘾诊断的逻辑和症状来看，即使孩子有游戏成瘾的相关问题，家长们也不必惊慌，更不必感到孩子不如别人。

一、游戏成瘾的定义

游戏成瘾之所以备受关注，是因为过度关注游戏并花费大量时间会直接影响个体的正常生活和发展，这个观点和家长担忧孩子因玩游戏而荒废学业是一致的。世界卫生组织是这样定义游戏障碍的：游戏障碍的特征是持续或反复的游戏行为模式（"电子游戏"或"视频游戏"），可以是在线（即通过互联网）或离线，症状表现为——（1）对游戏的控制受损（例如，游戏的开始时间、频率、强度、持续时间等失去控制）；（2）将游戏的优先级提高至某种程度，游戏优先于其他生活利益和日常活动；（3）尽管出现负面后果，但仍将游戏继续或升级。行为模式的严重程度足以导致个人、家庭、社会、教育、职业或其他重要职能领域的严重损害。[①]

游戏行为的模式可以是连续的，也可以是偶发的、反复的。游戏行为和相关症状通常明显持续至少 12 个月，但如果症状严重，则不足 12 个月也会诊断为成瘾。

可以看到，玩游戏这个行为本身不是定义游戏成瘾的充分条件，而玩游戏导致的行为症状才是。更进一步，这种症状核心的特征是失去控制，并且把游戏看得比其他任何事情都重要。失去控制还表现在即使因为游戏而导致负面后果，比如考试不及格、健康受损等，仍然继续玩游戏。

游戏成瘾诊断的另一个标准来自美国精神卫生协会 2013 年出版的《精神疾病诊断与统计手册》[②]，该手册虽然没有将游戏成瘾正式定义为一类精神疾病，但是认为游戏成瘾是一个要重点关注的精神健康问题，并给出了九条

---

① World Health Organization. International classification of diseases for mortality and morbidity statistics (11th Revision) [EB/OL]. [2022-11-18]. https://icd.who.int/browse11/l-m/en.
② 美国精神医学会 . 精神障碍诊断与统计手册（第五版）[M]. 张道龙，等译 . 北京：北京大学出版社，2019.

诊断标准：（1）完全专注游戏；（2）停止游戏时出现难受、焦虑、易怒等症状；（3）玩游戏的时间逐渐增多；（4）无法减少游戏时间，无法戒掉游戏；（5）放弃其他活动，对之前的其他爱好失去兴趣；（6）即使了解游戏对自己造成的影响，仍然专注游戏；（7）向家人或他人隐瞒自己玩游戏的时间；（8）通过玩游戏缓解负面情绪，如罪恶感、绝望等；（9）因为游戏而丧失或可能丧失工作和社交机会。

对于大学生而言，第九条可以修改为因为游戏而丧失或可能丧失学习和社交机会。

和世界卫生组织的诊断相比，这个诊断条目更具体，更具有操作性。但不管哪一种诊断标准，核心的思想就是"明知不好还要继续"。大部分家长可能只是看到孩子玩游戏的表面现象，并没有仔细思考"明知不好还要继续"这个诊断的核心思想有什么意义。如果一个人总是做对自己生存和发展不利的事情，显然他的认知是有偏差的。虽然每个考上大学的孩子，尤其是考上浙大的孩子，智力水平一定正常甚至超群，但为什么每届都会有一些孩子因过度游戏而导致成绩变差甚至毕不了业呢？这一点要引起家长警惕。

二、游戏成瘾的神经心理机制

接下来分析一下游戏成瘾背后的神经心理机制[1]。

游戏成瘾的第一阶段属于奖励学习，这是所有个体包括动物所具有的本能。与此相关的是俄国生理学家和心理学家巴普洛夫很早就发现的条件反射现象。在他的研究中，如果每次给狗喂食都匹配一个铃声，重复多次之后狗一听到铃声就口水直流，想要进食。现代的科学研究表明这是因为大脑学习

---

[1] 奚婉，胡玉正.青少年网络游戏成瘾的研究现状与展望 [J].应用心理学，2022，28(1)，3-19.

到了铃声和食物奖励的关系，一旦听到铃声，就会激活大脑中的奖励系统，促使狗做出能获取这种奖励的行为。

游戏成瘾也有相同的路径。游戏本是供人们消遣的，用于消遣的东西必然是有趣的。有趣、好玩对大脑而言就是一种奖励，因此反复玩游戏之后，个体看到相关刺激物就会产生要玩游戏的冲动（见图3-4）。

图3-4　条件反射实验的参考

如果缺乏自制力，就会在这种冲动的驱使下开始玩游戏。这个过程周而复始。因为玩游戏占据大量的学习和运动时间，成绩自然下降，健康也大概率受影响。家长们不能责备孩子对游戏感兴趣，因为它确实很有意思，强迫孩子对一个好玩的事情丧失兴趣是不人道的。但游戏又可能带来诸多负面影响，要怎么办呢？从预防的角度，一定要培养孩子多方面的兴趣。当孩子从其他活动中获得了比玩游戏更多的奖励，那么同样的，根据条件反射原理，他就会更多地去参与这些活动而不只是玩游戏。

如何培养孩子游戏以外的其他兴趣呢？有的家长往往会抱怨说"他对什

么都不感兴趣！"，这也是一种偏见。虽然孩子沉迷游戏的时候，看起来很像是那么回事儿。家长们要在更长的时间范围内发现孩子的兴趣，并提供相应机会让孩子体验到参加这些活动的乐趣，尤其是运动。有很多研究表明，运动能促进大脑的健康。

三、如何预防与干预

如果家长能预防成功，那么孩子的发展就会顺利很多，也会有一个快乐的大学生活。但是万一预防失效，发现孩子沉迷游戏，怎么办？这时就需要了解强化原理，并知道如何将它运用到预防游戏成瘾中（见图3-5）。

强化原理（也称操作条件反射原理）由著名美国心理学家斯金纳提出。当一个行为带来积极的奖励体验，那么这个行为就可以被强化；相反，若是该行为带来消极负面的体验，那么这个行为就会消退，不再发生。强化的强度和行为的频率、强度、持续时间等有关。根据这个原理不难看出为什么玩游戏容易成瘾。

首先游戏过程所引起的奖励体验是及时、频繁和高强度的，个体为了维持这种积极体验就会反复玩游戏；这也是培养孩子其他兴趣、让他体验到比游戏更有吸引力的奖励活动能预防游戏成瘾的原因。而对于负强化，游戏本身并不能引起消极的体验，尤其是有奖励的游戏一定不会令个体产生消极体验，而游戏相关的负面体验往往来得比较间接，时间上也有延迟。比如，因为玩游戏导致休息、学习等活动时间减少进而精力不足，一段时间后表现出成绩下降。当家长发现这一问题并为此着急时，大部分家长会采取严厉批评甚至责罚的措施，但这样的方式会随着孩子的长大越来越不起作用，而且通常会引发另一个严重的问题：亲子沟通困难和关系恶化。

为什么游戏成瘾常常导致亲子沟通困难？

同样是强化原理在起作用。尊重、理性、包容性的沟通能让孩子产生积极的沟通体验，从而使孩子愿意和父母沟通；批评、指责、发怒等消极沟通方式则让孩子产生厌恶的沟通体验，从而使孩子关上沟通的大门，和父母说话也只是浮于表面。发现游戏问题后，家长的反应常常是批评、指责，甚至惩罚。这样的沟通直接、实时地让孩子产生厌恶体验。家长的本意是想让这种厌恶体验和游戏行为关联，然而，游戏行为并没有发生在当下，而沟通却是正在发生的，这反而直接负强化了亲子沟通。多次重复经历消极的沟通之后，孩子还容易出现抑郁、低自尊等心理健康问题，甚至会拒绝和任何人沟通。一旦事情发展到这个阶段，游戏成瘾的问题就会变得更加棘手。因此，家长如果发现孩子游戏成瘾，一定要提前思考自己的沟通方式，要更有耐心，仔细分析孩子玩游戏的原因，避免激烈的指责，尤其要避免对孩子的人格和自尊进行贬低。这个世界上如果连父母都贬低孩子，可以想象孩子会有怎样消极的沟通体验！因此，家长一定要反思自己的教养方式，因为游戏成瘾不仅可以通过好的教养方式预防，还可以通过好的教养方式戒断。

根据上面分析的亲子沟通和游戏成瘾的关系，其实不难寻找到预防的策略（见图3-5）。我们主要推荐从家庭教养方式的改变上进行干预。良好的家庭教养方式能够有效解决孩子学业上的问题，从而增强孩子的自信心，让孩子更愿意进行亲子沟通，使孩子得到更多的尊重和社会认可，从而增强对游戏的负强化，因为玩游戏必然会导致孩子缺少社会支持。

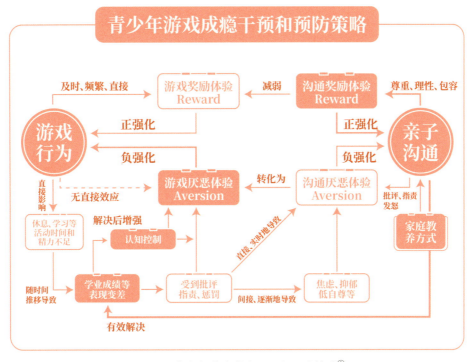

图3-5　青少年游戏成瘾干预和预防策略①

　　以上介绍了游戏成瘾的诊断和心理机制，并提出了一些预防的建议供家长参考。希望每个孩子都健康快乐地成长，希望每个家庭都和睦幸福。

扫码观看
如何面对游戏
成瘾的孩子

① 奚婉，胡玉正. 青少年网络游戏成瘾的研究现状与展望 [J]. 应用心理学，2022，28(1), 3-19.

第四章

家长与大学生的沟通

亲子沟通的常见困境

新生小明在大一寒假回家后，父母逐渐发现，才半年未见，孩子身上似乎发生了很大的变化。读高中时，小明在学习上不仅刻苦，而且非常自觉，从来不需要爸妈督促。高考前的那阵子小明天天都学到很晚，甚至需要母亲主动催促他早点休息。但是这个大学寒假，小明像是变了个人一样，在家里每天都打游戏、聊天、刷微博，完全没有碰带回来的课本。因为对大学里的学习模式不熟悉，父母也搞不清孩子到底有没有寒假作业。但是看到小明的这种状态，他们不禁担心起孩子在学校里的学习情况。每次问他时，他也都只是敷衍过去，不会正面回答。不仅如此，小明基本都不出门。有时父母看不下去了，让他出去走走，但说破嘴皮子也没用。这令父母越发地忧虑。于是后来，每次一走进孩子的房间，母亲就会习惯性地开始碎碎念："你要不要复习一下功课，有没有作业还没写完，房间已经很长时间没有打扫了，桌子上东西多得放不了手，床上被子一片凌乱……"听得多了小明也烦，母亲也更觉无力。她想不通，这才半年的时间，小明怎么就变成这样了呢？

作为学校心理中心的专职咨询师，我们在平常的咨询工作中经常会遇到学生纠结自己和父母沟通时遇到的困难，所以本节将和大家一起探讨关于亲子沟通模式的问题。

一、大学生与家长沟通的常见困境

大学生和父母沟通时常见的一种情形就是所谓的报喜不报忧。许多孩子上了大学以后，虽然和父母表面上还维系着非常融洽的交流，但是在一些关键问题上总会有点回避，特别是遇到一些困难的时候，孩子通常都会选择隐瞒，父母会感觉孩子和自己的心理距离越来越疏远。当父母追问时，孩子会用"我挺好的"来搪塞父母，这也会让父母感到担忧。

比上述情况更为严重的就是回避交流。前者可能只是不报忧，后者连喜也不报了。这种状态下父母会明显感觉到孩子在和自己交流的时候越来越不耐烦，甚至可能会对父母屏蔽朋友圈，不让父母了解到自己生活中的任何事情。这也是令很多家长头疼的问题。

与这两类亲子间关系越来越远的状态相反，另外一种常见困境就是孩子过度依赖家长。有些父母会觉得孩子好像始终没长大，特别是在生活上仍和过去一样非常依赖父母的照顾；对自己的事情也不知道上心，不会操心。这也让父母非常忧心。

最后一类是关系纠葛的状态，虽然情况相对会少一些，但是近年来也越来越多见。这类关系状态里，孩子往往本身就生活在充斥着矛盾和冲突的家庭氛围中，因此也常常出现一些让家长理解不了的情感偏向或者情绪冲动。比如孩子可能会对父母有额外的，甚至莫名其妙的敌意或厌烦感。这也让父母感到非常难以理解。

以上就是常见的大学生和父母沟通的困境，案例中小明同学的情况则类似前三种类型的融合状态。现实生活中，当父母看到孩子这样，往往感到措手不及，却又不知如何引导和帮助孩子。这该怎么办呢？

二、沟通困境背后的亲子关系矛盾

在讨论如何解决这些困境之前要透过现象看到本质，即在这些沟通困境背后，可能隐藏着某些亲子关系矛盾。比如第一类报喜不报忧的情况又有两种可能。一种是正常的报喜不报忧，孩子逐渐长大并开始有自己独立的生活空间之后往往并不愿意事无巨细地和父母分享，此时父母会感觉到孩子与自己的心理距离越来越远了。这其实是一个正常的心理独立过程，也是一个成长的过程，父母不必过度担心。父母需要担心的是孩子已经处于非常困难或痛苦的状态，明明已经难以自我调整，却依然不愿意和父母交流的情况。也就是说当父母已经明显感觉到孩子不对劲并向孩子了解状况时，依然被拒绝。这背后可能就存在一种控制型关系。

报喜不报忧
"我要做让爸妈满意的好孩子"

控制型关系
"你要做到……"

当然，这里说的控制型关系更多是一种软控制。所谓软控制就是父母不是通过恐吓、惩罚这种批评的方式去要求孩子，而是反过来以一种看似比较积极、温和的方式来希望孩子满足父母对他们的期待。从小到大父母可能会经常跟孩子说：你要乖，要懂事、听话，只有能做到……才是好孩子、乖孩子，这样父母才会喜欢你……。如果常常给孩子灌输这样的价值信念，那么孩子就会觉得自己必须要做个让父母满意的"好孩子"，否则父母就会失望，自己就会失去他们的爱，就会成为一个不好的人。如果这类观念根深蒂固，即使孩子长大了，也很难接受自己身上可能存在的缺点或者是无能为力的那一面。他内心始终是想做一个让爸妈满意的"好孩子",因此接受不了一个让父母失望的自己。这样的孩子自然就会在父母面前报喜不报忧。理解了这背后潜在的亲子关系问题,父母也自然应该知道要解决这种困境,真正需要做的是让孩子清晰地意识到,不管做的好与坏,父母都永远爱他,会一直在身后默默关注和支持着他,他并不会真正让父母感到失望。这份充满安全感的爱是孩子最需要的支持性力量。

第二类状态是回避交流。这类情况往往出现在两类家庭中。一类是忽视型关系家庭,即在孩子从小到大的成长过程中,父母常常缺位,也常常缺少除了衣食住行等生活照料之外的情感关注,所以孩子习惯了和父母保持疏远的关系距离。

回避交流

"回避交流就是回避伤害"

冲突型/忽视型关系

"你怎么就不能……"

当然这种情况不太可能出现在正在阅读这本书的家长身上。因为真正的忽视型父母,一般也不太有意愿或有耐心去学习了解一些亲子沟通的知识。所以更有可能出现的是另外一种关系形态,即亲子冲突型关系。这类关系常常出现在父母中的一方或者父母双方本身脾气比较暴躁、情绪不稳定的家庭环境中。这类情况下的孩子不是在回避交流，而是在回避潜在的伤害。因为孩子可能在从小到大和父母的互动过程中已经有了多次经验：一旦和父母有过多的交流和互动，就很有可能遭到来自父母的情感伤害，就得承受父母的暴躁情绪。所以对孩子来说，自我保护最有效的方式就是远离父母。如果家长意识到和孩子已经产生了这种冲突型关系的话，最重要的一点就是要让孩子知道，现在的父母已经和过去他经验中的父母不一样了，父母已经改变了，会努力和他保持更轻松的交流。冰冻三尺非一日之寒，这也需要家长慢慢地增加孩子对亲子关系的安全感和放松感。

第三类关系形态是生活依赖型的亲子关系。这又分两种类型，一种是正常的生活依赖。一个孩子在外独自生活了一整个学期，好不容易回到家里，当然想要重温过去被父母全方位照顾的那份温暖和放松，所以此时孩子会在生活上表现出对父母的依赖。这是很正常的事，不必过多地担心。

生活依赖

"终于到家了，再也不用操心了"

被动型关系

"你怎么就长不大呢"

事实上，家长更需要担心的往往是另一种情形，即孩子虽然上了大学，但是依然对自己的事情毫不关心，毫不上心。比如到了大三、大四，仍不知道自己未来是否考研，是否找工作，对未来生涯规划等全然不上心，好像永远长不大。那么这时家长就要思考一下是否在早年就和孩子建立了一种被动型关系。怎么去理解这种被动型关系呢？比如，孩子当初高考填报志愿时，是谁做的决定？对孩子当初填报志愿这件事，自己是怎样的心态？现在我们发现这种情况越来越多：孩子好不容易熬完高考就彻底放松了，把填报志愿的事情全部交给了父母，因为他们相信父母不会害自己，自己也不愿意去想这么复杂的、令人纠结的问题，觉得交给父母就好；而父母也乐得为孩子去操这份心。从这些细节中我们就可以感受到，孩子一直以来都没有形成主动为自己考虑、为自己的生涯负责的主动型心态，他一直生活在一个被动回应的状态里。当父母意识到这一点后，就需要打破孩子这种已经形成循环的被动行为模式，即孩子在行动上越被动，父母越着急，越希望主动替孩子做一些事情，而此时孩子也被剥夺了更多主动发展自己的机会，进而变得更被动的恶性循环。

最后一类就是关系纠葛。这类关系常常会出现在原本家庭成员之间就充满着矛盾的家庭中。因此孩子常常在很小的时候就承担了很多原本不属于他的责任，同样也承担了很多原本不该属于他的烦恼。比如，父母长期争吵，

关系纠葛
"你这个小白眼狼"

倒错型关系
"你要帮爸爸还是妈妈"

孩子一直需要充当和事佬、充当劝架甚至仲裁或裁判的角色，总是被迫在爸妈之间做选择——"你要帮爸爸还是要帮妈妈？"这对孩子来说是一种内心的撕裂和拉扯。长时间沉浸在这样的家庭氛围里，孩子的内心就容易出现迷茫、矛盾的感觉。这个时候孩子身上出现的那些莫名其妙的对于某些家人的敌意和偏见，也就不难理解了。

  了解了常见的不同类型的亲子关系状态后，父母需要意识到，当前和孩子的关系已经不再是早年的亲子关系类型。早年的关系里，父母是全然具有主动性的，即对孩子既有责任，也有权利去教导、引导他成长。但是当前和孩子的关系已经逐渐迈向成年亲子关系类型。面对成年人，家长需要做的是平等相待，尊重、理解，平和地沟通和互动。这是孩子当前最需要的，也是很多家长容易忽略或者感到不适应的一种关系的转变。因为当前正处在这样一个过渡阶段，所以孩子可能会同时呈现两种不同阶段的矛盾性特点，比如既希望像过去一样寻求父母的情感支持，但是又希望父母能够看到、尊重自己的成长，能够像成人一样去寻求父母的理解和认同。大学阶段，家长只有意识到和孩子正处于这样一种关系状态的过渡过程中，才能更加理解孩子的心理需求，才能更好地为孩子提供当下他真正需要的帮助。

  本节讨论了大学生与家长沟通的常见困境及背后的亲子关系矛盾，下一节我们将向家长们介绍积极有效的沟通方式。

扫码观看
亲子沟通模式
的调整（上）

积极有效的亲子沟通方式

小婷自从上了大学，跟父母的交流就变得越来越少了。以前与爸妈无话不谈的小婷，现在在学校里，一周都不和家里联系一次。电话基本都是父母主动打过来，小婷还常常以在自习为由匆匆挂断。父母感觉到孩子长大了，心似乎也离父母越来越远了。父母原本对孩子的大学生活充满了好奇，如今看到小婷总是回避透露自己的学习生活状态，对孩子的担忧与日俱增。为了更多地了解小婷校园生活的动向和情况，父母想尽了各种办法旁敲侧击，不仅偷偷从小婷手机上找到了她大学室友的联系方式，还打电话找学院辅导员了解孩子的情况。但是父母这些关心的行为不仅没有促进亲子的相互理解，反而制造了更多的误解与矛盾。小婷总是抱怨父母侵犯了自己的边界，一点都不尊重自己。父母感到既委屈，又心痛。终于有一天，他们悲伤地发现，小婷在微信朋友圈里屏蔽了他们，而且声明今年暑假自己要留在学校里写论文，参加实践活动，不准备回家了。何至于此呢？小婷的父母不解地思索着……

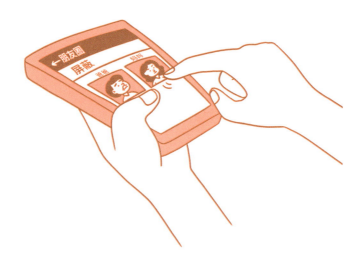

在前面的内容中我们提到，作为大学生的父母需要有一个心理准备，即当下和孩子的关系已经在向成年亲子关系的状态过渡了。一方面，这意味着孩子寻求和家长建立成人式的平等关系，在亲子关系里他们希望得到父母更多的理解、认同，而不是批评、教育；另一方面，这一阶段的孩子在情感层面依然需要父母更多的关注和支持，只不过这份情感需求有时会被一些顾虑所掩盖。

案例中小婷的父母在感觉到女儿的变化后，非常积极主动地做了很多事，试图走近女儿的内心，但是似乎适得其反。那么更加恰当和有效的沟通方式该是怎样的呢？

一、家长需要理解子女的心理需求

针对孩子目前的成长阶段，家长需要理解子女的两个核心心理需求。一个是孩子需要的是父母参谋性的建议，而不是类似于统帅性的命令或要求。因为太习惯于以前孩子还小的时候的状态，所以接受这样的心态差异对于父

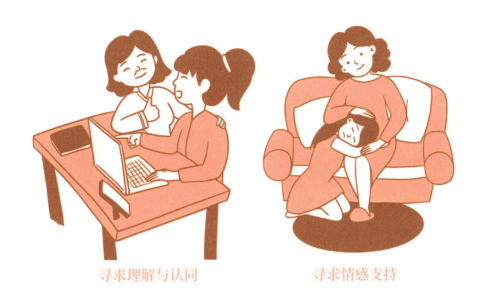

寻求理解与认同　　　　　　　　寻求情感支持

母来说需要一个适应过程。幼年子女与父母的关系中，父母有绝对的主动性和掌控感，这也就意味着当看到孩子遇到一些困扰的时候，父母有当仁不让、责无旁贷的责任、义务和权利去插手孩子的事务，去帮助孩子更好地解决问题，去给孩子提出一些有分量的要求或指导。但是现在情况变化了，孩子已经离家上了大学，已经成年了。所以即使在当下父母依然认为孩子看起来心智不成熟、经验不老到，但仍然要尊重孩子作为一个成人的平等地位。这意味着不能再强行将自己的命令和要求灌输给孩子，要求孩子必须接受了；得像朋友一样，提供一些可供参考的建议，然后由孩子自己决定是否遵从。即使孩子不遵从，父母也需要对孩子的选择表示尊重，同时依然和孩子保持融洽的关系。很多家长虽然在理性层面意识到孩子长大了，需要尊重孩子的意见，但是当自己辛辛苦苦为孩子提出的各种"良谋"被无情拒绝时，还是会涌现出失落、恼怒的情绪，甚至给孩子一些不好的脸色。这样一来孩子和父母的心理距离就会越变越远了。

寻求参谋型建议　　　　　　回避否定性评价

另一个是前文提到的孩子需要得到父母的情感支持，但是又顾虑会让父母失望，会被父母批评。针对这种情况，父母在和孩子沟通时，要注意尽可能回避否定性的评价。可能有些家长会担心，那这样父母岂不是变成了"好好先生"，孩子永远听不到那些真正重要的、但是又逆耳的"忠言"了吗？这里我们要再次提醒大家，当下孩子已经是成人了，亲子间要建构一个平等的和谐关系，而平等关系的原则自然就是相信他有能力为自己作出选择，有能力对自己的行为负责，而不需要父母越俎代庖。当然，家长可以在觉得不妥的时候给孩子一些建议，提出一些感受或反馈，但是这并不代表可以肆意地去批评、指责、否定孩子。如果理解不了这一点的话，不妨想象：面对你工作单位里一些年龄可能比你儿子或女儿也大不了多少的年轻同事，当他们有一些不成熟，甚至是不恰当的工作行为时，你是会选择字斟句酌的友善提醒，还是会不假思索地批评，要求他们按你的想法来做？这时候我们当然能意识到，一味地强势批评和要求不仅不礼貌、不尊重，而且也容易引发对方的反感，进而更加难以获得想要的结果。这样的心态也是家长在面对自己的成年子女时可以平行迁移过来的经验。

二、家长需要避免的消极沟通方式

很多指导在父母看来是对孩子非常重要、非常有价值的，但是孩子感受到的却只是批评否定、盲目要求、强势指导、价值灌输。为什么孩子会有这些消极体验？理解了孩子的心理需求后就可以明白，这是因为大学阶段的孩子已经开始逐渐以一种平等的、成人的视角来面对父母了。如果父母的心态还停留在以前的心理关系中，就有可能导致关系错配，让孩子觉得自己没有被父母尊重，也没有被父母真正地接纳。

⊠ 批评否定

⊠ 盲目要求

⊠ 强势指导

⊠ 价值灌输

⊠ 情感绑架

⊠ 边界不清

除此之外，还有一类亲子沟通的消极模式往往出现于关系纠葛严重的家庭中。因为家庭成员彼此之间的关系太过复杂、太过矛盾纠葛，所以容易出现成员之间关系边界不清、情感绑架的行为。举例而言，如果有一对夫妻常年冲突不断，两个人的关系已然濒临破裂，之所以没有离婚很大程度是考虑到对孩子的影响。此时，虽然父母两人隐忍别扭地生活在这个家庭中，但有可能其中一方就会经常跟孩子抱怨，说要不是为了你，我早就跟你爸 / 妈离婚了。类似这样的话频繁出口，孩子就容易被情感绑架。他一方面会非常认同和心疼受委屈的这一方，感念母亲 / 父亲为了自己牺牲这么多，但另一方面也会对自己产生很多难以化解的不满、愤怒和委屈的情绪。在这样关系纠葛的家庭里成长起来的孩子，最需要做到的就是情感的独立和边界的建立。换言之，父母的事是父母的事，孩子的事是孩子的事，要尽可能避免把大人之间的关系过度地渗透到孩子的情绪中。

三、家长可以尝试的积极沟通策略

除了注意避免消极沟通之外，还可以怎样积极地和孩子沟通呢？基于前文提到的成人亲子关系的视角，父母需要和孩子平等对话，要尝试理解、共情和支持孩子当下的状态。孩子最需要的不是教育和教导，而是情感的理解和支持，是父母能成为他们身后温暖的港湾。理解这些之后，家长就要放下原先那些已经不合时宜的关系认知和期待，尊重孩子作为一个成人的状态。即使觉得孩子有不妥的地方时，也要避免居高临下、不容置喙的要求与命令。

还有一个很多家长容易忽略的沟通策略——父母自我的分享。这一点更多地适用于在上一节谈到的行为被动且不会为自己的事情操心的孩子。应对这类孩子，家长可以在孩子面前适当地表达出自身对于他的一些情感需求或需要。比如父母可以和孩子分享一些日常生活中遭遇的烦心事或困扰，然后表示希望得到孩子的心理支持或是安慰。这种主动示弱型的交流方式，对孩子来说是一种全新的体验。这或许能让孩子意识到原来父母在情感上也是需要得到自己支持的，如今自己也有能力和责任来适当关心和照顾父母了。这样一份觉察或许能够促使这些一直都很被动的孩子开始重新意识到自己作为一个准成年人的角色能力和价值状态。

　　当然这种小技巧更多只是适用于这一类行为被动、心理上没长大的孩子。对于本身处在关系纠葛家庭中的孩子，这一条经验可能就不适用了，它有可能使原本就混乱的家庭边界变得更加模糊。所以，对于不同的亲子关系类型，可能要应用不同的沟通策略。

　　本节介绍了大学阶段孩子的心理需求，讨论了家长需要避免的消极沟通方式与可以尝试的积极沟通策略。下一节我们将从具体问题出发进一步探讨亲子沟通方式。

扫码观看
亲子沟通模式
的调整（中）

亲子沟通的常见案例

大一学生小红谈恋爱了，而且这还是她的初恋。原本是一件非常开心的事，但是小红一想到远在老家的父母，心头就不免蒙上一层阴霾。其实在高三的暑假里，父母就认真地跟她讨论过这个问题——大学阶段适不适合谈恋爱。父母一直自诩在子女教育上态度开明，承诺会完全尊重孩子的意愿和选择。所以父母曾明确表达过，不反对小红读大学时谈恋爱。但是小红却从父母一些看似开明的表述中读出了一丝相反的意味。父母会不断地强调大学期间专心学习的重要性，以及大学恋爱所面临的种种不确定性，甚至是风险性。所以话里话外的态度，小红听得很明白。果不其然，当小红忐忑地告诉父母自己恋爱的事之后，父母的反应并不积极。虽然没有直接要求她分手，但是小红发现，在接下来的几天里，父母不断地询问小红关于那个男生的种种信息，不是单纯的好奇，而是想方设法地寻找各种理由和角度来证明他们俩并不合适。他们认为小红大一就谈恋爱是不理智的，太冲动了，等等。意识到这些，小红觉得自己很委屈，也很生气。她常常会赌气地想，既然不被父母看好，以后在父母面前就再也不提自己和男友的事情了。未来不管发生什么，也一定要和男友走下去，来证明父母的判断是错误的。

　　作为家长，如果遇到这样忧心的问题，该如何跟子女沟通呢？

　　☑　表达关心、尝试理解

　　☑　鼓励求助、甘做参谋

　　☑　情绪安抚、陪伴支持

讨论了那些相对比较宏观的策略之后，不妨再看两个具体的案例。这也是大学生群体中常见的一些生活困扰。当孩子遇到这样的困扰时，父母可以做些什么从而更好地帮助他们呢？

一、与子女沟通常见的案例——学业困难

面对子女学业困难时，父母首先需要摆正自己在成年型亲子关系中的位置。可以试想，如果孩子还是一个小学生，当他遇到学业上的困难，父母当然有义务也有能力想方设法帮孩子解决问题。无论是替孩子去和老师沟通，还是为孩子选择更多的辅导班，又或者是亲自上阵辅导孩子的功课，家长当然有绝对的主动权。但是到了大学以后，面对孩子当前遇到的学业困难，很多时候家长很难在现实层面真正帮到孩子，同时孩子也不一定需要父母真的在现实中对自己"指手画脚"。对于孩子，要相信他既然有能力考上大学，自然也有相应的能力去应对自己当下遇到的学业困难，只不过这个应对的过程需要适应，需要更多的时间而已。而在当前的状态下，家长能做的，仍是心理层面的关注和情感层面的支持。所以父母可以传递对他的关心，对他当下状态的理解，对他情绪的共鸣和安抚。比如，理解了孩子特别担心让父母失望的心情，家长就需要向孩子传递一个清晰的态度，即"虽然你现时遇到了学业上的困难，但是你依然是让我们认可、让我们骄傲的好孩子，你对我们来说非常重要；我们也不会因为你在学业上表现不好就疏远你，我们从来没有对你失望过"。家长亲口向孩子说出这些话，有时对他们来说非常重要。

另一方面也可以鼓励孩子去寻求更多帮助。有些孩子遇到学业困难的时候会下意识想方设法独立解决，而忽略了向周围的人，例如同学、学长、授课老师、辅导员或者学校心理咨询中心的老师去寻求帮助。作为家长，可以

提醒孩子：向辅导员寻求帮助，不用顾虑，辅导员一定会积极帮你一起想办法；也可以在课下主动寻求授课老师的指导；还可以寻求一些学长、学姐的帮助；另外，当感觉到自己的情绪或行为始终难以自我调整时，完全可以去心理咨询中心进行专业咨询。这些都是孩子在面对学业困难时父母可以尝试提醒和建议的内容。

二、与子女沟通常见的案例——恋爱困扰

一个很典型的、常常会引发矛盾的亲子沟通点就是孩子的恋爱问题。正如案例中小红所经历的恋爱困扰那样，或许在某些孩子的眼中，这段恋情中最令他们感到困扰和棘手的，是父母在其间所扮演的消极角色。让孩子更加为难和困惑一定不是父母的本意，但为什么事情会发展成这样呢？

☑ 信任感的构建

☑ 边界与分寸

☑ 自我暴露与经验分享

当发现孩子坠入爱河的时候，作为父母内心的感受可能是五味杂陈，相当复杂的。一方面或许会为孩子成长到了新的生命阶段而感到欣慰，但另一方面联想到情路上的种种坎坷，作为过来人，也难免会为孩子担忧挂怀。所以这时候父母就有可能忽略亲子关系的边界和分寸，有意无意地过度介入孩子的恋爱问题中去，或者尝试用自己的态度和言语来影响孩子在恋爱关系中的决策。这也更容易激起子女的不满和抵触。

这时父母需要不断提醒自己，孩子已经成年了，究竟是否可以谈恋爱、要跟谁谈恋爱，事实上都是孩子们自己的权利。父母当然可以提出意见、反馈和感受，但是不能强行粗暴地阻断孩子当下的选择，或者否定孩子的选择。即使仅仅从反对的效果上来看，父母的强势阻断和否定也有可能会引发心理学上称之为"罗密欧与朱丽叶"的心理效应。简单来说就是父母越反对孩子当下的恋爱关系，孩子越会执拗地坚持要和对方在一起。甚至哪怕孩子自己已经感觉到跟对方没有那么合适了，但因为被父母强烈地反对着，为了证明自己的独立性，他也会咬牙坚持和对方在一起，表现出一种特殊的执拗状态。如果出现了这种情况，父母就需要自省一下，自己是不是越过了亲子关系的边界。

另外还有一种常见的状况，即孩子对于自己恋爱话题的回避。有的时候父母对孩子的恋爱经验与故事充满了好奇，也想了解孩子当下在恋爱关系里到底是怎样一个状态。他有没有走不必要的弯路？是不是足够成熟？但是孩子总是不愿意跟父母说。这种时候家长不需要太过着急，孩子可能只是在这个问题上对家长并没有积累足够的信任感，而信任感的构建是一个循序渐进的过程。如何构建这种信任感有一个小技巧，即适当的自我暴露，或者是一些自我经验的分享。有一句话说：欲将取之，必先予之。或许家长主动和孩子聊一聊年轻时候的故事，自己当年在亲密关系、恋爱相处或者婚姻经营过程中的一些美好体验、挫败经历和经验教训，子女更容易产生共鸣。而以这样一种平等的姿态，也更容易建立一种基于平等的信任，孩子也可能更愿意敞开心扉告诉你更多他感情生活中的细节。

　　总结来说，家长要时刻意识到当下已经处在和孩子发展成年亲子关系的阶段中了。在此阶段，父母需要做的是成为孩子身后的温暖港湾，减少对孩子的生活进行简单粗暴的指导和教育。父母转变心态，或许就能够极大地改善跟孩子的沟通情况。

扫码观看
亲子沟通模式
的调整（下）

111

第五章

家长的自我关爱

自我成长与自我支持

　　小林同学上大学后，回家的时间越来越少。为了让自己更具有竞争力，他也像其他同学一样，尽量争取在假期实习，参加老师的课题。可是假期不回家的时候，他有一些隐隐的担心和内疚：没有他的陪伴，爸妈在家都好吗？家里就他一个小孩，他不回家爸妈会寂寞吧？在校繁忙无法经常打电话，爸妈会挂念他吧？有时候，周末打电话回家，爸妈都躺在家追剧，吃饭也不像他在家时那么讲究和规律。长久下去，爸妈的身体可能会不好吧？去年，爸爸的血压血脂都偏高，妈妈看上去胖了。小林同学未来想继续读研究生，但又为家里的经济状况忧愁。爸妈已经为自己付出很多了，如果继续读研，恐怕还需要他们提供经济支持。爸妈还需要照料多位长辈，万一爷爷或奶奶有点意外，不仅爸妈会受到精神上的打击，家里经济能否支持也是个问题。要不本科毕业先工作？现在多花点时间去实习？

　　多数大学生都有类似的担忧。父母是孩子最坚强的后盾，那么在这个阶段应该如何理解自己作为父母的角色，在支持和照顾好自己的同时，也让孩子少一些后顾之忧呢？

大多数家长在有了孩子后，一般都在围绕孩子转，多数时候都在履行作为家长的职责，顾不上自己和伴侣。孩子离开家上大学，正好能给予家长们更多机会关注自己和伴侣。

根据年龄，家长们多数处于成年中期，处于 40 ~ 65 岁这个年龄区间，被称为"三明治一代"，意为"一边抚养孩子、一边照顾年迈的父母的一代人"[1]。

这一节将会概述中年的发展状况，以及孩子成年离开家，父母们的角色是怎样的；最后将会介绍家长如何更好地支持自己。

一、中年状况

中年时期的特点是多种角色复杂交互，生活的重大转变一般也发生在中年；中年也是职业发展达到高峰的时期，同时也会出现很多危机（见图 5–1）。[2]

图5–1　成年中期的危机[3]

① 聂晨 . 从"三明治一代"到"中坚青年"：多重责任下角色冲突与角色增益的比较讨论 [J]. 中国青年研究 , 2021(11):5-12.

② Infurna, F. J., D. Gerstorf, & M. E. Lachman. Midlife in the 2020s: Opportunities and challenges [J]. The American psychologist, 2020，75(4), 470–485.

③ Infurna, F. J., D. Gerstorf, & M. E. Lachman. Midlife in the 2020s: Opportunities and challenges [J]. The American psychologist, 2020，75(4), 470–485.

多重角色：多数家长担任着多重角色，父母、子女、伴侣、员工。平衡多个角色成为必要：成为父母之后，"上有老、下有小"，需承担多种照护责任；在职场上长期位于"前浪"和"后浪"冲击中间；在生活事务和工作任务之间，需要尽力协调兼顾。

生活转换：在此阶段，各位家长可能已经或者正在经历一些大的变化，例如婚姻状态变化（离婚、再婚、单身），孩子离开家（突然空巢），经历了多个职业（离职、找工作），或者准备退出职场。

挑战：中年人的职责重大且有压力，家长们可能很难在多个角色中达到平衡。容易顾此失彼，需要面临很多挑战，多数时候生活在矛盾、冲突和压力之下，会出现睡眠问题和心理困扰。同时，身体功能在渐渐衰退，有的小毛病和慢性病开始浮出水面。对于高血压、高血脂或关节疼痛等身体问题，从感到意外到慢慢习惯；长辈们在变老，今天这个需要帮忙，明天那个又住院了，照顾责任加重，也可能要面对长辈的死亡；照护责任和疾病等都会增加开销。整体环境不太稳定，工作对人的要求在变化，面临失业的风险。

机会：当然，在这些角色和生活转换中，也有机会发展。在中年，职业发展和工资待遇可能达到巅峰；有强烈的掌控感，在处理人际关系方面游刃有余，具备丰富的情绪调节经验和生活智慧；同时由于为家庭和社会的发展做出了很多贡献，在家庭和职场都有主导权和话语权。

中年处于人生的中间，在这之前的人经历着一个各方面上升的时期，充满希望；而之后的老年是一个全方位衰退的时期，需要面对很多"丧失"；相比而言，中年是一个复杂的时期，在社会、心理和身体领域的高峰和低谷并存，同时经历着希望和失落。

无论一个人的具体生活方式或环境如何，平衡多个角色和管理冲突是中年时期的特征。

在整个中年发展过程中，家长在家庭、工作和社区中承担着重要角色，对儿童、青少年、年轻人的养育和教育以及老年人的照顾负有广泛的责任。因此，中年也被称为社会的中坚力量，是联结几代人的桥梁。如果这个桥梁和中坚力量不稳固，整个社会都会不安定，所以学者们普遍认为，整个社会的幸福和稳定在很大程度上取决于中年人在其人生阶段的发展。

二、父母角色的转换

前文提到，中年是一个面临很多转换的时期。当孩子离开家上大学，步入成年期，父母与孩子之间出现新的互动模式，父母也需要做出一些调整。

与家长们之前生活的时代相比，子女受教育时间会更长，进入职场和婚姻的时间更晚。浙大的学生多数都会选择继续深造，他们在学校里遇到的机会和压力也比同龄人要多。他们会面临专业、职业、人际关系和亲密关系的困扰，此时父母仍然是提供建议和支持的来源。在人生阶段的转变中，他们也将父母视为稳定的源泉，并将家视为安全的港湾。

以上都意味着各位家长需要继续为子女提供经济、情感和行为支持。在危急时刻，家长可能还需要培养新的技能来帮助大学生应对新的挑战。

对于父母来说，最重要的往往也是子女的幸福和成就。心理学家埃里克森发现，成年中期，许多父母继续在孩子的成就上建立自己的身份。美国一项针对父母的全国调查发现，86% 的父母将孩子视为快乐的源泉，并追随孩子的成就。在中国，诸位父母津津乐道的一般都是自己的孩子，人生最自豪的部分一般都包含了孩子的成就。

总之，孩子上大学了，父母承担直接育儿责任的时间越来越少，但亲子间的连接依然很紧密，甚至会比以往更紧密。父母们要为孩子进入成年的岁月提供坚实的后盾，为孩子的前程护航。

三、自我支持

中年是一个很忙碌的时期，父母们既要考虑自己的发展，还需要贡献自己的资源来改善年轻人的生活质量。当需要向无数方向前进时，自我管理和自我照顾是关键。只有照顾好了自己，才有精力去考虑其他人和事。

1. 接纳自己的局限，尊重自己的存在

我们都知道要尊重他人，但是往往对自己非常苛刻。回首过往，总会看到自己的不足之处，总会发现有人比自己做得好，有人比自己赚得多。

人并非白璧无瑕，有局限无可非议。在人生经历了一半的时候，你可能意识到自己在某些方面还处于弱势，而在后半生也难以弥补。每个人都会面对这样的缺憾，当意识到有这样的缺憾时，说明自己正在为成为一个更好的人而反思和努力。这一点就值得尊重。

"每个人都有难以改变的缺陷，会在比自己优秀的人面前相形见绌。"

"美丽会羞辱丑陋，强壮会让弱小羞愧，死亡会嘲笑生存，而理想化的完美则会让所有人都自愧不如。"

——乔丹·彼得森《人生十二法则》

乔丹·彼得森在《人生十二法则》^①中说道："美丽会羞辱丑陋，强壮会让弱小羞愧，死亡会嘲笑生存，而理想化的完美则会让所有人自愧不如。"意识到自己的缺憾和局限后该怎么办呢？难道抛弃对美、健康、智慧和力量的追求吗？这样做并不能解决问题，只会让人一直感到羞愧，并且觉得自己活该。

每个人都有难以改变的缺陷，会在比自己优秀的人面前相形见绌。如果这意味着可以推卸自我成长和自我照顾的责任，可以自暴自弃，那么世界将会变得更糟糕。比如那些因种种不顺而沉溺于酗酒和赌博的父母，他们不仅不能为自己的人生负责，还会让他们的子女为此饱受折磨。

父母们需要做的是看到和接纳自己的局限性，尊重自己的存在，不试图扭曲自己。

2. 像照顾孩子一样照顾自己

前面谈到了中年人在社会中的发展状况和对孩子支持的重要性。毫无疑问，我们对于自己和他人都是很重要的，我们在世界的发展中扮演着重要的角色，因此在道德上有义务像关怀至亲一样关怀自己。

好好照顾自己并不意味着躺平和放任自己。大家不妨想想自己是如何照顾自己的孩子的。在抚养孩子时，大家都希望孩子身体健康、学识渊博、道德高尚，所以在日常生活中会督促孩子刷牙少吃糖，多运动拒绝垃圾食品，多学习少沉溺游戏等等。在照顾孩子的时候，大家一定都会选择对孩子有益的，虽然这不一定是孩子想要的，或者是能让他开心的。

如果为了孩子好需要他做到这些，那为什么可以接受自己做不到呢？想

---

① 乔丹·彼得森.人生十二法则 [M].杭州：浙江人民出版社，2019.

想自己多久没有锻炼，没有为自己选择营养健康的食品，又有多久允许自己日复一日地躺在沙发上看电视。当家长们这么做的时候，不妨问问自己，会允许自己的孩子这么做吗？

当大家生病或疲倦的时候，可能还在坚持做家务或者工作，不会按照医嘱去服药，不会好好休息和放松。当孩子生病的时候，家长们会让他这么做吗？

当有时间和精力时，想想如何改善自己的健康，强健体魄，拓宽学识；当感觉疲倦或者虚弱的时候，想想如何安抚自己。

3. 保护个人空间，避免承受不属于自己的压力

中年人承担了很多责任和角色，在工作、照顾父母、抚养孩子、维持人际关系等方面已经付出了很多智力、情感和身体资源。中年人的一个常态是"疲于奔命"，几乎没有了自己的时间和空间。

因为有很多责任要承担，所以更要清楚自己的精力应该放在哪些地方。明确目标和原则，这样就不会围绕着其他人转而不知所措；适时地维护自己，这样就不至于在付出的时候满腹怨言，甚至怀恨在心。

设定一个界限，控制花在其他人身上的时间和精力。当感觉到为其他人付出太多，疲惫不堪时，就需要反思是不是替其他人承受了太多压力。

即使精力充沛，也不要太压榨自己，为自己留一些个人空间。很多人成为父母之后，属于自己的时间可能就只有上厕所和洗澡；但即便如此，他们可能还在为其他人的事情而烦恼。

在成年中期，大家可能一直在为他人奔波。桌上好菜好饭会给孩子、父母、朋友和客人，留下剩饭剩菜给自己。但现在，是时候想一想怎么支持和照顾自己了。

本节介绍了成年中期的特点，讨论了家长应如何做好自我支持。下面我们将重点谈谈夫妻关系这个话题。

扫码观看
自我成长与自
我支持

维持良好的夫妻关系

　　妍妍从小就很优秀，在学校里很受欢迎。她聪明独立，总是能把事情处理得妥妥当当。妍妍有的地方也挺特别。同学们隔三岔五地和家人打电话唠家常，妍妍只嫌打电话麻烦。当室友们一个个开始谈恋爱，为着各种小事情闹情绪时，她却不以为意，"谈恋爱多麻烦呀"！

　　妍妍的家庭在别人看来很和睦，她要做的任何事情父母都支持，当然，她也从来不寻求他们的意见，她一切都能自己搞定。她经常说"一个人就是一支队伍"。妍妍的父母相亲之后就闪婚了，在她出生之后，父母之间的矛盾和差异非常明显。妈妈情绪化，爸爸超级理智。刚开始两个人还会争吵，后来甚至连争吵都没有，两个人像两条平行线，在同一个空间里过着各自的生活。妍妍已经习惯父母之间从争吵到冷淡。她有能力处理好自己的事情和周边的人际关系，却始终抗拒亲密关系。

　　夫妻关系会如何影响家庭的氛围和孩子的婚恋观，作为家长又该如何维持良好的夫妻关系呢？

孩子上大学，家长回归到了久违的二人世界，婚姻关系里原本有的问题可能会凸显出来。夫妻间的矛盾可能会变多；也有可能两个人交互更频繁，对彼此的照应多了，关系更亲近。这一节将梳理夫妻关系的重要性，谈谈高质量的夫妻关系需要什么，以及如何维持良好的夫妻关系。

一、夫妻关系的重要性

夫妻关系是家庭的基石，它对家庭氛围、亲子关系、孩子的婚恋观和个人幸福都有重要影响。

夫妻间的互动一定程度上营造了家庭氛围，夫妻和睦往往家庭温暖，家人之间凝聚力强，亲子关系和谐；婚姻关系好的父母会对子女表现出更多的接纳态度、接纳情感和接纳行为，对子女的需要也更加敏感，从而促进亲子之间的安全依恋[1]。这也为培养孩子提供了必要的情感支持。

[1] Orthner, D. K., H. Jones-Sanpei, E. C. Hair, et al.. Marital and parental relationship quality and educational outcomes for youth[J]. Marriage & Family Review, 2009, 45(2-3): 249-269.

生活中有一些家长可能会把亲子关系放在首位，也有一些家庭想要通过亲子关系来缓和夫妻之间的紧张气氛。但研究表明，亲子关系无法缓冲婚姻关系中的消极情绪。父母的负面互动会降低家庭凝聚力和家庭温暖度；父母对孩子的支持减少和育儿参与度降低，也会使亲子关系变得紧张[1]。比如夫妻吵架，对孩子不管不顾甚至打骂孩子。

父母之间的尖酸刻薄或明争暗斗，往往会让孩子难以承受；孩子也更可能出现焦虑、抑郁等消极情绪以及破坏和攻击性行为，而且会变得更难信任他人。所以，当婚姻关系出现问题时，积极的亲子关系就不太可能存在。父母努力解决婚姻中的困难，将有助于改善亲子关系，减少孩子面临的困扰。

有很多研究者探讨了婚姻关系与婚恋价值取向的代际传递，其表现为父母与子女对待婚恋相关问题持有相似的观点[2]。

大学生处于亲密关系的建立和巩固阶段。他们的价值取向有部分受到周围亲密关系的影响，而父母的婚姻是他们从小在日常生活中接触和观察最多的。他们会以此为基础，逐渐形成对恋爱、婚姻、家庭的基本看法。

有实证调查发现，父母婚姻冲突的经历经常在成年子女的关系中重复，一对夫妇当前的婚姻问题可能是特定"家庭行为模式"的一部分[3]。

当然，子女不会复制父母的婚姻。然而，孩子们观察到的夫妻之间是否平等、如何解决冲突、如何表达欣赏和爱意，都会影响他们寻求的伴侣类型、他们在亲密关系中处理冲突的能力以及他们对婚姻互动的期望。

---

[1] Hair, E. C., K. A. Moore, A. M. Hadley, et al.. Parent marital quality and the parent–adolescent relationship: Profiles of relationship quality[J]. Marriage & Family Review, 2009, 45(2-3): 189-217.

[2] 童辉杰, 杜珍琳, 赵郝锐. 大学生父母的婚姻关系与婚恋价值取向的代际传递 [J]. 中国心理卫生杂志, 2015, 29(9): 714-720.

[3] 童辉杰, 杜珍琳, 赵郝锐. 大学生父母的婚姻关系与婚恋价值取向的代际传递 [J]. 中国心理卫生杂志, 2015, 29(9): 714-720.

高质量的夫妻关系对个人健康和幸福有积极影响。

尽管大家可以从工作中获得重要的个人认同感，但亲密关系中的幸福感比对工作的满意度更能提升人的整体幸福感。亲密关系的维护行为还会促进积极老龄化，毕竟进入老年，伴侣是最主要的支持。

高质量的婚姻关系不仅可以提供情感支持，更是遭遇压力时的重要缓冲。成年中期和进入老年期的人难免会遭遇重大的丧失，而稳固的夫妻关系会增强我们的复原力。

亲密关系的质量比亲密关系的寿命对人的整体幸福感的贡献更大，因此有必要了解高质量的夫妻关系包含哪些要素、如何提升夫妻关系质量。

二、高质量的夫妻关系需要什么

高质量的夫妻关系到底需要什么呢？学者对持久、令人满意的婚姻进行了研究，发现高质量的夫妻关系必须掌握一系列心理社会任务。

第一，在夫妻的亲密关系和个人的自主权之间保持平衡。良好的亲密关系需要彼此都做出一些妥协，为了对方去做一些不愿意做的事情，克制自己的欲望。这种牺牲的意愿通常包括轻微的付出，例如看一场不感兴趣的电影，因为伴侣想看；参加一场感到不适的聚会，因为伴侣要去。这也可能包含巨大的代价，例如，一方要去另一个城市发展，为了维持关系，另一方不得不面对许多困难。无论付出代价大小，大家都应该朝着共同的未来努力，始终把亲密关系放在最重要的位置。如果双方都不愿意妥协和让步，只想着自己的发展，夫妻之间就会渐行渐远，形同陌路。和妥协同样重要的是，在夫妻关系中表达和尊重自主权。当伴侣鼓励我们成为自己所期望的人，支持我们在家庭关系之外结交朋友、发展兴趣和学习技能，使我们得到成长时，我们的价值感和自尊会增强，亲密关系和个人幸福感也都会得到提升。

第二，夫妻双方需要将精力的焦点从原生家庭转移到自己的核心家庭，同时与新的亲属保持关系。如果夫妻一方投入太多精力在自己的原生家庭，和自己的父母远比和伴侣以及孩子要亲近，忽视自己的伴侣和孩子，就会导致夫妻关系和亲子关系的疏离。

第三，共同面对生活中的逆境，如重病、死亡或灾难。共渡难关之后彼此的链接往往会更深刻，关系的复原力也会更强。

第四，在日常生活中分享欢乐和喜悦。大家可能习惯于向伴侣吐槽各种琐碎，因为我们都急于宣泄自己的负面情绪，想要获得理解和支持。但是也别忘记告诉伴侣你所经历的好事情，把正能量带给对方。

三、夫妻如何维持良好的亲密关系

婚姻关系是一个动态的关系，亲密关系会随着伴侣的成熟、家庭的变化以及不断发生的生活事件而改变。例如孩子离开家，夫妻关系就面临调整。

婚姻关系不是一项"完成的交易"，高质量的关系需要持续的行动和回应。日常维系关系的行为可以增强关系的韧性，避免关系解体。

有关婚姻关系的复杂纠缠是"如人饮水冷暖自知"，家长肯定都为维系亲密关系做过努力。这里分享的技巧并不适用于所有情况，也并不适用于每对夫妻，只是提供一些思路。

1. 识别关系中的积极因素

夫妻关系里常见相互指责。在日积月累的摩擦和怨恨中，夫妻俩可能慢慢貌合神离，变得难以沟通。当问到夫妻关系中的问题时，双方都能指出对方一箩筐的不是。但有时候指责和攻击伴侣虽然会让你占据优势，却打击了你们的关系。临床心理学家说过"怨恨是关系的杀手"，停止抱怨，看到关系中的积极因素，发现对方的优点能更好地维持关系。

那么，从哪些地方发现对方的优点呢？

不妨想想当时选择和伴侣在一起的理由：伴侣对你来说意味着什么；伴侣的哪些行为给了你力量和支持；你们一起合作得很好的事情是什么，彼此从对方那里获得了什么。例如，有的夫妻在一起旅行感觉很好，丈夫会周密地计划，妻子不需要去操心旅途的安排；妻子会为出发做好准备，在路途中照顾丈夫和孩子。也可能是一些更小的事情，比如两个人可以一起安静地阅读或者做饭，彼此心照不宣。

当有所发现时，记得和伴侣分享你的发现，表达对对方的欣赏和感激。

· 你对我来说，意味着什么，你的哪些行为给了我力量和支持，所以我想要和你在一起。

· 你们一起合作得很好的事情是什么，你们彼此从对方那里获得了什么。

2. 做一点小事情表达对对方的欣赏或者感激

研究表明，表达欣赏和感谢与关系维护有关，并且会促进关系的良性循环。"那些感到被他们的伴侣欣赏的人说，他们更欣赏自己的伴侣。反过来，那些欣赏自己伴侣的人随着时间的推移更加忠诚，更愿意花精力维持他们的关系。"[1] 那些夫妻关系亲密的人说，他们的伴侣会说"谢谢"，并以细微的方式表示感谢。

老夫老妻间说"谢谢"感觉不太自在，那么在日常生活中如何表达感激和欣赏呢？在一些访谈中，伴侣们描述了他们感到被欣赏的小事情。这些事情通常与家务活动有关，例如做饭、擦玻璃、洗车。以上的事情都很平常，毕竟夫妻日常基本是琐碎的活动，而不是浪漫的节日或者重大生活事件。但日常小善举就可以传递对对方的心意。

大家和伴侣已经一起生活了这么多年，肯定有被对方温暖到的时候，只是不要只把欣赏和感激留在心里，更要做一点小事情把心意传递给对方。

伴侣之间可能已经习惯了彼此，都不太会注意到对方的付出。但是，我们应该有意识地注意对方对我们的关爱、仁慈和慷慨。然后，每一周和伴侣分享你最欣赏和最感激他的三个友善之举。

3. 表达自己的需要

与表达欣赏和感激同样重要的是，如何表达自己的需要。在表达需要时，通过商量而不是命令的方式，这会让对方更容易接受。说出伴侣可以做到的几个改变，关注小的日常行为。类似"我想要你的关心"这样的表达可能就比较笼统而难以落实。不妨想想你需要对方在日常生活中做一点什么。例如，"我想要你回家的时候，对我微笑"，这就是一个很具体的日常行为。

同时需要确认伴侣能坚持做并且愿意做。即使是再小的事情，也最好和伴侣确认一下，毕竟这是需要对方去行动的事情，而且共同商量而非命令也

---

[1] Dainton, M.. The use of relationship maintenance behaviors as a mechanism to explain the decline in marital satisfaction among parents[J]. Communication Reports, 2008, 21(1): 33-45.

会让对方感到被尊重，夫妻间就有了良好的协商氛围。

　　当对方满足了你的需要时，记得表达感谢肯定对方的付出。

　　维持良好的夫妻关系是一项长期挑战。亲密关系犹如一个花园，只有日常花费精力去维护，花园才会焕发活力与生机，然后才能滋养彼此和家庭。即使夫妻间的关系已经达到了高度的安全和信任，也依然需要持续表达对另一方的兴趣、感激和欣赏，这样亲密关系才会稳固。

扫码观看
如何维持良好
的夫妻关系

参考文献

[1] Arnett, J. J. (Ed.).The Oxford Handbook of Emerging Adulthood [M]. New York: Oxford University Press, 2015.

[2] Fingerman, K. L. &Yahirun, J. J.. Emerging adulthood in the context of family [M]. In J. J. Arnett (Ed.), The Oxford Handbook of Emerging Adulthood. New York: Oxford University Press, 2016: 163–176.

[3] Hong, P. & M. Cui. Emerging adulthood in China: Parental influence on mental health, romantic involvement, and peer relationships [M]. In A. Demoura (Ed.), Emerging Adults and Adulthood. New York: Nova Science Publishers, 2021: 1–42.

[4] Hong, P., H. Love & M. Cui. Overparenting of college students [M]. In S. Lee (Ed.), Exploring the Opportunities and Challenges of College Students. New York: Nova Science Publishers, 2020: 111–146.

[5] Lerner, R. M.. Concepts and Theories of Human Development [M]. New York: Routledge, 2018.

[6] Newman B. M. & P. R. Newman. Development Through Life: A Psychosocial Approach[M]. Boston: Cengage Learning, 2017.

[7] Super, D. E.. The Psychology of Careers[M]. New York: Harper&Row, 1957.

[8] Tanner, J. L.. Recentering during emerging adulthood: A critical turning point in life span human development [M]. In J. J. Arnett & J. L. Tanner (Eds.), Emerging Adults in America: Coming of Age in the 21st Century. Washington: American Psychological Association, 2006: 21–55.

[9] 林悦, 刘勤学, 余思, 周宗奎. 父母忽视与青少年网络游戏成瘾的关系: 希望的中介作用和性别的调节作用[J]. 心理发展与教育, 2021, 37(1): 109–119.

[10] 沈彩霞, 刘儒德, 张俊, 王丹. 电脑游戏对儿童和青少年心理发展的影响[J]. 应用心理学, 2011, 17(3): 222–231.

[11] 苏彦捷. 发展心理学 [M]. 北京: 高等教育出版社, 2012.

延伸阅读

在编著本书的过程中，我们关注并参考了国外相关书籍，还有两部影片，在此也一并分享，或许能让我们更加拓宽视野，获得更多的启发。

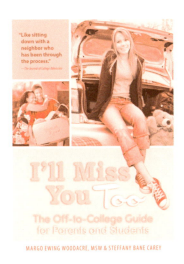

名字 我也会想你：家长和学生的大学入学指南（*I'll Miss You Too: The Off-to-College Guide for Parents and Students*）

作者 Margo Ewing Woodacre, Steffany Bane Carey

简介 该书从家长和学生两个角度，叙述了从大学前的暑假、大学入学到第一次回家、大学毕业等阶段，家长和孩子的不同感受和心路历程。

该书多面的视角有助于促进亲子双方相互理解。每章结尾真诚提供清晰、实用的建议，帮助亲子双方适应外界环境和亲子关系的变化。

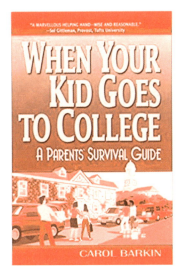

名字 当你的孩子上大学时：家长的生存指南（*When Your Kid Goes to College: A Parents' Survival Guide*）

作者 Carol Barkin

简介 该书采访并记录了不同宗教和种族背景的父母，他们的孩子有男有女，有运动员、有美学家，有成绩全A型的，也有成绩一般的。该书发现家长们普遍存在对于即将上大学的孩子相似的担忧。

这本指南呈现了多样化的经验，给不同背景下的父母以参考，为其他正在踏上这段令人振奋和紧张的旅程的父母提供支持，帮助他们建设良好的心态。

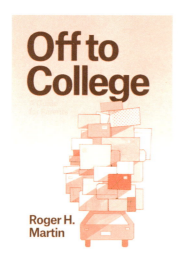

名字 孩子上大学：家长指南（*Off to College: A Guide for Parents*）

作者 Roger H. Martin

简介 作者马丁是一位有20余年工作经验的大学校长和前哈佛大学院长，通过让家长了解孩子的大学迎新会、大学课程、与心理咨询师的会面、宿舍生活以及与教师的对话等幕后情况，揭开了大学生活的神秘面纱。所有让家长担心的话题都没有放过，例如饮酒、剽窃、校园安全、性侵犯、专业选择，等等。

该书将帮助家长了解他们应该怎么做，帮助上大学的孩子实现从童年到成年的真正转变。

名字 放手吧：了解大学阶段的家长指南（*Letting Go: A Parents' Guide to Understanding the College Years*）

作者 Karen Coburn, Madge Lawrence Treeger

简介 在孩子上大学后，父母似乎也进入了一道分水岭，在与孩子保持联结和想要放手之间难以抉择。该书为父母提供了一些信息：当代的大学生活是怎样的；大学生面对新身份和亲密关系会遇到怎样的问题；父母什么时候应该鼓励独立、什么时候应该干预；对于学生和家长来说，正常的迷茫和孤独感应是怎样的……

希望家长们通过阅读，在放手和干预之间找到平衡点。

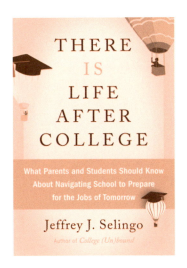

名字　大学毕业后的生活：家长和学生应该了解如何为明天的工作做好准备 (*There ls Life After College: What Parents and Students Should Know About Navigating School to Prepare for the Jobs of Tomorrow*)

作者　Jeffrey J. Selingo

简介　该书回答了关键问题：为什么许多应届毕业生很难过渡到大学毕业后的生活？他们该掌握哪些技能，又该如何向用人单位推销自己？机构和个人能做些什么来度过当前严峻的就业形式？

作者准确地列出了从高中毕业到大学毕业，学生需要做什么才能获得公司想要的技能。该书希望帮助学生，无论他们的专业或学位如何，都能找到工作，并让他们的父母放心一些。

名字　父母的职业规划速成班：帮助你的大学生子女获得成功 (*The Parent's Crash Course in Career Planning: Helping Your College Student Succeed*)

作者　Marcia B. Harris, Sharon L. Jones

简介　两位作者在大学职业服务方面具有丰富的经验，在书中揭示了职业发展过程和当前的就业市场，回答了父母们最为关心的问题：我的儿子或女儿如何能得到帮助，为他或她的兴趣和能力选择最好的专业？各专业的毕业生的就业率和平均起薪是多少？

该书帮助子女和家长了解在当前阶段可以做何准备，以获得令人满意和有价值的工作。

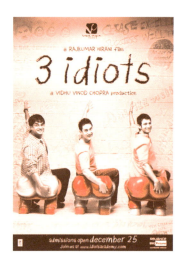

名字　三傻大闹宝莱坞（*3 Idiots (2009)*）

简介　影片讲述了三位主角不同的大学生活和人生走向，一方面以轻松幽默的方式呈现了主角们渴求知识、追寻理想的大学生活；另一方面，以沉重的现实唤起观众的反思：家长是否该放手，给孩子选择的自由？学生上大学是为了学什么？对教师来说，怎样的教学方式适用于大学生？是一部关于家庭教育和学校教育的寓教于乐的优质电影。

经典台词　"你们都陷入了比赛中，就算你是第一，这种方式又有什么用？你的知识会增长吗？不会，增长的只有压力。这里是大学，不是高压锅……"

名字　瞬息全宇宙（*Everything Everywhere All at Once (2022)*）

简介　中年母亲伊芙琳面临家庭、事业两崩溃的境地。在这时，一支来自多重宇宙的小队突然出现，并告诉她：自己的女儿竟是宇宙中强大的黑恶势力。在感化女儿的过程中，伊芙琳回忆起自己不被父亲理解的经历，逐渐开始理解，作为女儿不被理解、被父母当作失败者的孤独与痛苦。

这部电影精彩地展现了母亲与成年女儿之间，爱与接纳的力量。

经典台词　"哪怕改变再微小的决定，经过不断累积，也会在一个人的一生中产生巨大的不同。"

后记

　　2020 年 6 月，求是学院开展了"求是·享"活动，每位老师自主选择主题，在每个工作日的清晨轮流在群里做 10 分钟左右的报告。我做了题为"大学生亲子关系紧张的思考"的分享。时值疫情暴发后的第一个学期，在包括寒假在内的长达半年的时间里，多数大学生在家上网课，出现了学习效率低下、学习成绩不佳的情况，以及厌学、低落、无意义感等情绪。同时，伴随学业问题浮出水面的，是家庭亲子关系的紧张——那半年，一些父母和大学生子女之间的摩擦和矛盾有所升级。当然，疫情以前，对于父母的来电、来信或来校看望，个别学生也会表现得很淡漠。学生越淡漠，家长越焦虑。我基于多年的学生工作经验，有一个深切的体会："问题学生的背后常常有着不良家庭关系的痕迹"。因此我提出："要做好学生工作，尤其帮助大一学生转型过渡，必须主动与家长沟通！"那次分享引发了工作群内热议，不少老师表示深有同感。邱利民院长当即建议："我们已经有了新生慕课，能否做一个家长慕课呢？"

　　就这样，一拍即合，说干就干。学院很快召开研讨会，讨论"家长慕课"的目标、定位与内容。家长慕课不是给家长上课，而是一个主动把新生进入大学后可能遇到的情况向家长呈现（为此制作了《大学对新生的挑战》)、邀请学校心理中心的专职咨询师从心理学的角度分析大学生及家长之间常见的关系问题、倡导积极的亲子沟通模式（为此制作了《分离与成长》）的沟通平台。这样的内容，原本在每年的新生家长会（自愿参加，但每年都非常火爆）上都能和家长分享。然而疫情后家长无法进校，只能在校门外目送孩子，心中有许多不舍、不安，学院也无法再召开现场的家长会，因此，家长慕课便有了"一举两得"的功能。这两期家长慕课推出后，有家长评价："讲的问题正是困扰我的，听了之后，感觉方向更明了，思路更开阔"，还有一些家长，虽已不是新生的家长，但经历了孩子在大学时的问题，看了之后说："如醍醐灌顶""处处讲到痛处！"

2021年，结合家长的反馈，也调研了部分家长，我们了解到家长一般在孩子上大学前一周就开始出现不舍情绪。直到真正送孩子离家后的一两个月内，家长的心几乎都会提着，始终在操心孩子能否照顾好自己，懂不懂得添衣加被，注不注意饮食作息，也会担心他们能否适应新的学习。加上常态化疫情防控后，家长无法进校亲眼逛一逛大学校园或是跟到宿舍为孩子铺一次床，在遗憾的同时更加好奇孩子所在的校园环境、学生宿舍和大学生活。于是，第二年我们专门增加了《宿舍生活》《新生的一天》《校园安全》，以学生的视角带领家长"走进"浙江大学紫金港校区。同时，有一个共鸣是，现在的00后大学生似乎很"脆弱"，这使得大学生挫折教育迫在眉睫。所以我们又增设《在逆境中成长》，希望与家长达成一致观念，即孩子在发展的过程中，会经历很多挫折，有些挫折靠他们自己可以克服，有些挫折却需要家长的支持才能渡过难关，才能将逆境化为成长机会。

2022年，在家长们进一步反馈的基础上，我们希望打造更加系统全面、更具知识性的慕课，希望将一些理念讲得更明白、将一些内容讲得更透彻。例如，围绕我们应该做怎样的家长，尽量讲透家长在不同家庭发展周期的任务；围绕家庭对孩子的影响，详细介绍不同家庭教养方式对孩子的影响；围绕家长如何给予孩子支持及怎样的支持，分别从生涯发展、人际关系、亲密关系等多维度展开叙述；围绕孩子难免遇到逆境，有针对性地细数常见逆境，以及遇到常见的网络成瘾等问题时，家长可以如何面对……如此一来，慕课对于专业性的要求以及对一支强有力队伍的要求提高了。好在，求是学院积极寻求学校心理中心、学校心理系的帮助，得到了大家的充分肯定与大力支持。心理中心的领导老师帮助制定了提纲框架，心理系何洁教授更是领衔四位老师一起加入！这一次，家长慕课增至16节，并且焕然一新。

为方便家长随心选择视频或文字的方式来看家长慕课，我们决定将其转成文字，纸质与视频融合出版，因此有了这本书。相信这本书能够让更多家长及感兴趣的朋友们便捷地观看与分享。

特别感谢求是学院院长邱利民教授的倾力支持，他总是说，我们的初心和方法是正确的，要坚持做下去。感谢时任求是学院党委书记郭文刚老师给予的极大重视与莫大鼓励。2020年和2021年家长慕课的制作，得到了时任求是学院党委副书记、蓝田学园主任陈立明老师的直接领导。到2022年，求是学院新任党委副书记、蓝田学园主任包松老师接过棒，毫不犹豫奋力推进，才有了大家今天看到的，兼具广度、厚度、温度于一体的2022年版家长慕课和本书。

特别感谢学校心理中心祝一虹、梁社红、李娟等老师在寒假期间聚在一起出谋划策，几番讨论列出了本书的基本框架。而后，该框架多次征求了徐琴美、朱婉儿、潘贤林等专家、领导的意见，做了部分调整。何洁教授也在商讨框架初期和我们当面讨论，最终敲定目录，并主动"认领"章节。在此要特别感谢浙江大学心理健康教育与咨询中心、浙江大学心理与行为科学系对于学生工作始终如一的关心与支持，其热情与情怀、长期的研究与所呈现的专业性，奠定了本书的专业基调。

感谢所有编委老师的辛勤投入，叶艳、吕韵、何洁、胡玉正、洪佩佩、黄皓明、梁社红、谢红梅等老师，利用周末节假日的时间，集合自身经历与心得，又反复校对文稿、编撰案例。没有他们的倾情奉献，就没有这本带着温度与智慧的书。

感谢蓝田学园综合事务管理中心等学生组织及姚孝轩等同学，浙江大学信息技术中心及李萌老师等的大力支持！感谢浙江大学出版社吴伟伟主任、马一萍编辑，是她们的热心和细心推动了本书的最终出版。

感谢求是学院蓝田学园的辅导员老师，在日常学生工作的繁忙间隙，承担了本书的框架讨论、联络作者、把关章节内容、文字校稿等工作。他们的名字是：董业凯、蒋闰婧、杨洋、西仁古·阿不来提、李睿、李金城、黄子瑶、孙丰柯、姚丽君等。这是一个年轻、充满活力与激情的团队，"白加黑""5＋2"地扑在学生工作中，与全校最年轻的大学生朝夕相处。他们和我都希望新生们进入大学后的起步顺利一些，摸爬滚打很正常，但严重的"跌倒摔伤"能防则防。因此，我们团结一切可以团结的力量，包括联动家长资源，只为更好地助推学生、守护学生、成就学生。

最后，感谢我们的学生与广大家长。没有人比家长更爱自己的孩子，然而有时爱却使不上力，甚至让孩子抗拒。我们相信，爱让人生尝尽种种滋味，也能让人因爱驱动而不断进取，不断学习。本书虽瑕瑜相间，但愿成为家长朋友们前行路上的"参谋""助手"，若其能对您有所启迪，懂得如何与学校携手，共同潜心浇灌未来的花朵，科学培育祖国的栋梁，便是我们最大的欣慰。

编者 车淼洁

2023 年 3 月